Was ist Konservativismus

Alexander Gauland

Was ist Konservativismus

Streitschrift gegen die falschen
deutschen Traditionen

Westliche Werte aus
konservativer Sicht

Eichborn Verlag

Die Deutsche Bibliothek - CIP-Einheitsaufnahme

Gauland, Alexander:
Was ist Konservativismus : Streitschrift gegen die falschen deutschen Traditionen ; westliche Werte aus konservativer Sicht / Alexander Gauland. - Frankfurt am Main : Eichborn, 1991
ISBN 3-8218-0454-8

© Vito von Eichborn GmbH & Co. Verlag KG, Frankfurt am Main, Juli 1991.
Umschlaggestaltung: Uwe Gruhle.
Satz: ELJOT Fotosatz, Frankfurt am Main.
Druck und Bindung: Fuldaer Verlagsanstalt GmbH.
ISBN 3-8218-0454-8.
Verlagsverzeichnis schickt gern:
Eichborn Verlag, Hanauer Landstraße 175, D-6000 Frankfurt/M. 1

Inhalt

Strukturdefizit der Nachkriegspolitik 7

Gegner der Französischen Revolution 10

Bündnis mit dem Nationalismus 18

Radikalisierung in der »Konservativen Revolution« 28

Staat ohne konservative Partei 35

Gesellschaft ohne konservativen Halt 37

Tugendpflege als Ersatzkonservativismus 41

Kunst als konservatives Widerlager 45

Zurück zu den Anfängen 47

Was heißt konservativ heute? 51

Parlament, Parteien, politische Klasse
und öffentliche Meinung aus konservativer Sicht 60

Das Ideal des konservativen Staatsmannes –
Lord Melbourne (1779-1848) 66

Konservative Außenpolitik? – Schlußfolgerungen 81

Anmerkungen 85

Strukturdefizit der Nachkriegspolitik

Die deutsche Nachkriegspolitik leidet an einem merkwürdigen Strukturmangel. Niemand bekennt sich zu konservativen Traditionen, keine deutsche Partei reklamiert das Epitheton »konservativ« für sich. Nachdem die SPD in Godesberg den Traditionssozialismus abgestreift hat, drängen sich alle Parteien in der »liberalen Mitte«. Die CDU, die klassische Partei der Mitte, speist sich – so kann man es heute noch lesen – aus christlich-sozialen, liberalen und konservativen Quellen. Ihre christlich-sozialen Wurzeln reichen zu den päpstlichen Sozialenzykliken, der katholischen Soziallehre und der darauf aufbauenden Zentrumspartei des Kaiserreichs zurück. Ihre liberalen Wurzeln lassen sich auf den Ordoliberalismus von Walter Eucken, Wilhelm Röpke und Franz Böhm zurückführen, aus dem Ludwig Erhard die soziale Marktwirtschaft schuf. Allein die konservativen Wurzeln verlieren sich schnell in Definitionsschwierigkeiten. Zuweilen wird konservativ heute mit dem Wörtchen national zu nationalkonservativ verbunden, ohne daß damit eine zusätzliche Erleuchtung verbunden wäre.

Die Berührungsängste der deutschen Nachkriegspolitik gegenüber dem Konservatismus sind unübersehbar. Sie haben ihren Grund im historischen Weg des deutschen Konservatismus, der zumindest in Teilen in den dreißiger Jahren jenes verhängnisvolle Bündnis mit Hitler einging, für das prototypisch der Name Papen steht. »Papen hat im Rundfunk geredet«, notierte Goebbels im

August 1932 in sein Tagebuch. »Eine Rede, die von A bis Z aus unserem Gedankengut stammt.«[1] Über den Papenschen Konservatismus schreibt Joachim Fest in seinem Buch »Das Gesicht des Dritten Reiches«: »Längst aller humanistischen und religiösen Wertnormen entkleidet, aber auch ohne jenes kritische Traditionsbewußtsein, das die eigentliche Rechtfertigung der echten konservativen Position ist, besaß sie keine Lebendigkeit und keine zukunftstragenden Ideen mehr, sondern nur noch das starre, an die Erinnerung einstiger Vorrechte geklammerte Verlangen, sich gegenüber der Zeit einzuschanzen und die Stunde abzuwarten. Der Konservativismus jener Richtung und Phase hat keine gedankliche oder tatsächliche Wirkung vorzuweisen, die nicht in die von ihm beschworene Katastrophe eingegangen und davon aufgezehrt worden wäre. Unbeweglich stand er immer an den gleichen Fronten, defensiv lief alles auf die Verneinung der Revolution von 1789 mit ihren politischen, gesellschaftlichen und sozialen Folgeerscheinungen hinaus, während offensiv nie mehr als das Konzept des nationalistischen Machtstaates sichtbar wurde, und was immer sich als konservative Ideologie ausgab, war ganz überwiegend die ewig gleiche, mit nur wenigen wechselnden Vorzeichen versehene Variation dieser beiden einfallslosen Leitmotive.«[2]

Dem politischen Bankrott ging der geistige voraus. Lange vor dem verlorenen Weltkrieg hatte sich ein Teil der bürgerlichen Intelligenz auf den »deutschen Sonderweg« begeben und den Ideen von 1688, 1776 und 1789 den Kampf angesagt. Man war antibürgerlich, antiindividualistisch, antiwestlich und antizivilisatorisch. »Meistersinger – gegen die Zivilisation. Das Deutsche gegen das Französische«[3] notierte Nietzsche noch vor seinem öffentlichen Bruch mit Richard Wagner in sein Tagebuch. Die Überhöhung des Nationalstaates und die Betonung einer deutschen kulturellen Mission finden sich exemplarisch in den »Betrachtungen eines Unpolitischen« von Thomas Mann. In der Vorrede zu diesem Buch lesen wir, daß der Unterschied von Geist und Politik, den von Kultur und Zivilisation von Seele und Gesellschaft, von Freiheit und Stimmrecht, von Kunst und Literatur enthält. Und Deutschtum – so fährt Thomas Mann fort – das ist Kultur, Seele, Freiheit, Kunst und nicht Zivilisation, Gesellschaft, Stimmrecht, Literatur.[4] Ludwig Klages aus der Runde der Kosmiker um Stefan George hatte schon einige Jahre zuvor dem Geist als dem Widersacher der Seele den Kampf angesagt und zusammen mit Schuler, einem anderen George-Jünger, eine Theorie entwickelt, wonach die westliche, abendländische Welt von Anfang an eine Welt des Verfalls und Untergangs ist, ein unausgesetzter Verrat an den schöpferischen Urkräften des Lebens. Judentum und Christentum und als deren Folge Rationalismus und Fortschritt seien die Ursachen dieser Verderbnis, der sich nur durch eine Rückkehr zu den heidnischen Ursprüngen entkommen läßt.[5] Vor diesem westlichen Schicksal – so Moeller van den Bruck – kann sich Deutschland nur »durch einen scharfen Strich und Schnitt bewahren, der uns von dem Westen geistig trennt«.[6] Kulturpolitisch, programmatisch formulierte deshalb Stefan George als Aufgabe seines Kreises: Dass der Deutsche endlich einmal eine geste: die Deutsche geste bekomme – das ist ihm wichtiger als zehn eroberte provinzen![7]

Gegner der Französischen Revolution

Dennoch ist die Bindung des Konservatismus an die Nation eine unzulässige Verkürzung seiner Ideenwelt, die geistesgeschichtlich die längste Zeit ein Gegner des Nationalstaates in Deutschland war. Metternich, Gentz und die Brüder Gerlach vertraten den status quo gegen die revolutionären Ansprüche der nationalen Bewegungen. »Wo alles wankt ... wo die ganze gesellschaftliche Existenz ein Spiel der Winde und Wellen ist, ist vor allem notwendig, daß irgend etwas beharre, wo das Suchende sich anschließe, das Verirrte seine Zuflucht nehmen könne.«[8] Sie verteidigten den Universalismus einer europäischen Rechts- und Friedensordnung gegen die Sprengkraft des heraufziehenden Nationalismus. Und da diese Sprengkraft auch die deutsche Staatenwelt zu zerstören drohte, waren die Konservativen zugleich die Verteidiger des Regionalismus wie des Föderalismus. Heimatgefühl und Weltgefühl bedingten einander. Beides konnte nur in den lockeren Formen des alten Reiches und des Deutschen Bundes gedeihen. In diesem Sinne war auch Goethe ein Konservativer, als er die berühmte Warnung vor dem französischen Vorbild niederschrieb:

Weh jedem, der nach falschem Rat
und überfrechem Mut
Das, was der Corse Franke tat,
Nun als ein Deutscher tut.

Er spüre spät, er spüre früh
Es sei ein, ewig Recht:
Ihm geh' es, trotz Gewalt und Müh
Ihm und den Seinen schlecht.[9]

Wie Goethe, so verfocht auch Humboldt die Übernationalität des Deutschtums, das die naturhaften Schranken anderer Nationalcharaktere nicht kenne, sondern reiner und freier zum allgemein Menschlichen sich erhebe.

»Die Majestät des Deutschen ruhte nie auf dem Haupte seiner Fürsten. Abgesondert von dem Politischen hat der Deutsche sich einen eigenen Wert gegründet, und wenn auch das Imperium unterginge, so bliebe die deutsche Würde unangefochten. Sie ist eine sittliche Größe, sie wohnt in der Kultur und im Charakter der Nation, der von ihren politischen Schicksalen unabhängig ist ... indem das politische Reich wankt, hat sich das geistige immer fester und vollkommener gebildet.«[10]

Die Einigung der Nation war eine Angelegenheit der Linken und der bürgerlichen Mitte, die sich in der Paulskirchenbewegung zusammenfanden. Die Konservativen fürchteten den Nationalstaat französisch-revolutionärer Prägung.

Konservative Stimmungen hatten sich in Deutschland gerade in Abwehr des Universalismus der Französischen Revolution herausgebildet. Sie richteten sich gegen die Abstraktionen vermeintlich rationaler Gesellschaftsentwürfe, gegen die Anrufung der Menschheit wider die Unvollkommenheiten des Menschen, gegen die abstrakte Freiheit, die sich nicht in Institutionen zur Sicherung der Freiheit des einzelnen verwirklicht, gegen gesellschaftliche Entwürfe vom Reißbrett, die die Traditionen und Erfahrungen von Jahrhunderten außerachtließen, gegen eine Räson des Staates, die den Staatszweck losgelöst von den Menschen definiert, gegen die Vergötzung der Nation sowie gegen alle Spekulationen, die, von einem neuen Menschen träumend, die menschliche Gesellschaft neu erfinden und Verfassungen auf ein leeres Blatt Papier schreiben wollten. Konservatives Denken hält sich am Konkreten fest, versucht sich der Traditionen zu vergewissern und die gesellschaftliche Wirklichkeit dadurch pragmatisch zu reformieren, daß es – anstatt einen anderen systematischen Anfang zu suchen – konkrete Verbesserungen in Angriff nimmt. Der Konservatismus setzt auf Anschauung und Erfahrung statt auf Spekulation und Theorie. Er hält fest an der Unterscheidung von öffentlichem und privatem Leben oder – besser ausgedrückt – von Staat und Gesellschaft, wie sie sich seit dem Ausgang des Mittelalters entwickelt hatte, eine Unterscheidung, die durch den Anspruch der sich radikalisierenden Französischen Revolution auf Totalumwälzung, auf Erfassung aller Bereiche des sozialen Lebens bedroht war. Gegen den Absolutismus der Aufklärung, gegen das Diktat einer verbindlichen Ratio, gegen Menschenrechte und Weltverbrüderung setzte der Konservatismus, wie es Mannheim formuliert, »eine historisch und soziologisch erfaßbare Kontinuität, die in einer bestimmten soziologischen und historischen Situation entstanden ist und in unmittelbarem Konnex mit dem historisch lebendigen sich entwickelt«.[11] Es war eine Philosophie der Unvollkommenheit, die sich durch den Verlauf der Französischen Revolution der Tatsache bewußt geworden war, daß das Streben nach Vollkommenheit, nach Gleichheit und Einheitlichkeit der Lebensbedingungen im Extremfall den Verlust von Freiheit und Menschenwürde bedeutet. Die Berufung auf Tradition und Geschichte als Gegenpole zur Hybris der autonomen Vernunft ist älter als die Französische Revolution. Schon im 16. und 17. Jahrhundert wandten sich die englischen Juristen Coke und Hale gegen die abstrakte Konstruktion des Staates, wie sie sich bei Thomas Hobbes findet, wurde in den französischen Parlamenten gegen den auf Vernunftgründe gestützten Absolutheitsanspruch des Königs gestritten. Schon damals wurden Sitten und Gebräuche, Gewachsenes und Gewordenes, die Vielfalt der Institutionen, Korporationen und Lebenswelten als Teil der kollektiven Vernunft einer rationalistischen Gesellschaftskonstruktion entgegengesetzt. Das Erwachen der Renaissance in Pienza, die Spannung zwischen mittelalterlicher Stadt und »moderner« Raum- und Fassadengestaltung steht für diese die Traditionen achtende Vernunft. Stadtorganismen solcher Art konnten nur auf der Grundlage einer gestaltgebenden städtebaulichen Ordnung erwachsen, die in Jahrhunderten langsam entwickelt, weitere Jahrhunderte überdauert hat, ehe sie im vergangenen verloren ging. Die langweilige Rasterarchitektur von Sabbionetta mit ihren ins Nichts führenden Straßen und geometrischen Gebäudeformen hatte, längst vor Burke und Herder, das Diktat einer verbindlichen Ratio ästhetisch ad absurdum geführt. Doch ohne die Erschütterungen der Französischen Revolution wäre der Widerspruch gegen den in La Mettrie, Helvetius und Holbach gipfelnden Rationalismus nicht selbstreflexiv geworden, stünden Coke, Hale, Bolingbroke und Halifax nicht in der Ahnenreihe einer geistigen Bewegung, die sich erst nach den Ereignissen von 1789 als konservativ erkennt.

Der erste bewußte Konservative – Edmund Burke – war ein englischer Whig, der an der gemischten Verfassung, wie sie sich in England seit 1688 entwickelt hatte, festhalten wollte, und dem der aufkommende Industrialismus »der Sophisten, der Ökonomisten und Rechenmeister, die die Schönheiten der Erde in Mark und Pfennig ummünzten«[12] suspekt war. Burke forderte die Französische Revolution vor die Schranken des 18. Jahrhunderts und bescheinigte ihr Irrationalität. Er war kein Gegner der Aufklärung, er wollte sie nur vor ihrer Selbstzerstörung bewahren. Mit England trat ein gefestigter liberal-aristokratischer Nationalstaat der französischen Herausforderung entgegen, in Deutschland trafen die Burkeschen Gedanken auf die Agonie des alten Reiches mit seinen spätfeudalen Traditionen. Aus dieser »Ungleichzeitigkeit« der historischen Entwicklung in England und Deutschland folgte eine unterschiedliche Ausprägung konservativer Gedanken in beiden Ländern. Die deutsche Neigung zu politischer Romantik, zur theoretischen Rekonstruktion einer Gesellschaft aus dem christlichen Mittelalter, zum »Zu-Ende-Denken« der konservativen Impulse, waren der von Burke begründeten protestantisch-konservativen Tradition fremd und blieben es dem britischen Konservatismus bis in unsere Tage. In Deutschland, Frankreich und Spanien, wo die Französische Revolution durch Napoleon zur Herrschaft gelangte, gab es schon zu Beginn des 19. Jahrhunderts Tendenzen eines katholisch-konservativen Absolutismus, der den irrationalen Gegenentwurf wagte und damit in den gleichen Fehler wie die Französische Revolution verfiel.
Schlagt sie tot! Das Weltgericht.
Fragt Euch nach den Gründen nicht!

dichtete Heinrich von Kleist und formulierte damit die radikale Gegenposition zu der aus der Französischen Revolution hervorgegangenen Eroberungspolitik des Korsen.[13] De Maistre – »der Voltaire im Dienst des katholischen Dogmas«[14] –, Bonald und Donoso Cortés, aber eben auch Fichte, Adam Müller und Novalis stehen am Beginn eines Weges der Gegenrevolution, der um die Wende vom 19. zum 20. Jahrhundert in Gegenaufklärung und Nationalismus endet. Die Vorstellung von der deutschen Nation als »Urvolk«, als etwas »schlechthin Ursprüngliches«, als etwas Übergeschichtliches bereitet den Weg zur nationalen Selbstüberhebung. Die Franzosen – so Fichte – »haben gar kein eigen gebildetes Selbst, sondern nur, durch die allgemeine Übereinstimmung, ein rein geschichtliches, dagegen hat der Deutsche ein metaphysisches«. Der Deutsche ist danach »der ursprüngliche und nicht in einer willkürlichen Satzung erstorbene Mensch«, der Volk und Vaterland als »Träger und Unterpfand der irdischen Ewigkeit« und nicht nur als »Mittel, Bedingung und Gerüst« wolle.[15] Daraus folgt für Adam Müller, daß der Staat nicht »eine bloße Manufaktur, Meierei, Assekuranzanstalt oder merkantilistische Sozietät« ist, sondern eine »organische Totalität«[16], eine Begrifflichkeit, die sich weit von Burke und der »Glorious Revolution« von 1688 entfernt. Zwar war der Staat auch für Burke mehr als ein Zweckverband, eine die Generationen überspannende Lebensgemeinschaft »in allem was wissenswürdig, in allem was schön, in allem was schätzbar und gut und göttlich im Menschen ist«[17], doch entsteht daraus für Burke keine »organische Totalität«, sondern ein Kunstwerk, dessen »checks and balances« immer neu einzurichten sind, um die freiheitlichen Institutionen zu sichern und die Repräsentation gesellschaftlicher Interessen möglich zu machen. »Da die Wissenschaft vom Staate eine Sache ist, die Erfahrung verlangt, mehr Erfahrung sogar, als ein einzelner Mensch, und sei er noch so scharfblickend, in seinem Leben erwerben kann, so sollte man nur mit unendlicher Vorsicht sich erkühnen, ein Gebäude niederzureißen, das den Zwecken der Gesellschaft seit Generationen in einem wenigstens leidlichen Maße genügte, und sollte man ein solches Gebäude nicht neu errichten, es sei denn, man hätte Vorbilder von erprobter Gediegenheit vor Augen.«[18] Die Gegenrevolution hielt dagegen nichts von dem auf der Vertragstheorie Lockes beruhenden parlamentarischen Konstitutionalismus Englands. Dieser Konstitutionalismus ist ihr ein Ausweichen vor der blutigen Entscheidungsschlacht zwischen den Mächten der Ordnung und dem atheistischen Sozialismus, eine bürgerliche Erfindung, mit der sich diese Klasse – una clasa discutadora, eine diskutierende Klasse – den Entscheidungszwängen entzieht.[19] Diesen Vorwurf sollten die Vertreter der konservativen Revolution, Ernst Jünger und Carl Schmitt, ein Jahrhundert später erneut erheben. Denn – so Heidegger in seiner berühmt-berüchtigten Freiburger Rekloratsrede aus dem Jahre 1933: »Alles Große steht im Sturm« (Platon, Politeia).[20]

Der Kampf gegen Napoleon wurde zum Kampf gegen »westliche Überfremdung«. Mit der Erhebung der Völker gegen den Korsen begannen alte politische und geistige Verbindungen zwischen West- und Mitteleuropa abzureißen. Der Übergang zur Romantik und die Entwicklung von der Aufklärung zur idealistischen Metaphysik ließen das Staatsdenken Deutschlands auf eine isolationistische Bahn geraten. So verteidigte Hegel die Vernunft gegen den Verstand, Adam Müller die Idee gegen den Begriff. Im 20. Jahrhundert nennt Ludwig Klages den Geist den Widersacher der Seele und Martin Heidegger die Vernunft den Widersacher des Denkens.[21] Ein anarchischer, von den Institutionen losgelöster Freiheitsbegriff, die Idee vom organischen Staat, die Gleichsetzung von Staat und Nation und eine dynamisch-relativistische Theorie geschichtlicher Abläufe verbanden sich in Deutschland zu einem explosiven philosophischen Gemisch, über das Heine warnend schrieb: »Lächelt nicht über den Phantasten, der im Reich der Erscheinungen dieselbe Revolution erwartet, die im Gebiet des Geistes stattgefunden. Der Gedanke selbst geht der Tat voraus, wie der Blitz dem Donner. Der deutsche Donner ist freilich auch ein Deutscher und ist nicht sehr gelenkig und kommt etwas langsam dahergerollt; aber kommen wird er, und wenn ihr es einst krachen hört, wie es noch niemals in der Weltgeschichte gekracht hat, so wißt ihr: Der deutsche Donner hat endlich sein Ziel erreicht. Bei diesem Geräusche werden die Adler aus der Luft tot niederfallen und die Löwen in der fernsten Wüste Afrikas werden die Schwänze einkneifen und sich in ihren königlichen Höhlen verkriechen. Es wird ein Stück aufgeführt werden in Deutschland, wogegen die Französische Revolution wie eine harmlose Idylle erscheinen möchte.«[22] Es war der Beginn des Weges, der nach Grillparzer von der Humanität über die Nationalität zur Bestialität führt.

Bündnis mit dem Nationalismus

Nach 1870 ging in Deutschland der Konservatismus mit dem Nationalismus jene unheilige Allianz ein, die ihn schließlich in die Harzburger Front führte. Wahre Konservative wie der Preuße Fontane standen dieser Verbindung von Anfang an skeptisch gegenüber. Als der Diener Engelke die Preußenfarben vor dem Stechliner Herrenhaus durch schwarz-weiß-rot ersetzen will, sperrt sich der alte Dubslav von Stechlin: »Laß. Ich bin nicht dafür. Das alte Schwarz und Weiß hält gerade noch; aber wenn du was Rotes drannähst, dann reißt es gewiß.«[23] Mit der Reichsgründung verlor Preußen seine identitätsstiftende Kraft, die von der preußischen Aufklärung über die Stein-Hardenbergschen Reformen bis zum preußischen Klassizismus gereicht hatte. »Preußens Eliten hatten sich im Siege gewissermaßen selbst verloren. Preußen, der harte Rationalstaat des 18. Jahrhunderts, erwies sich als unvereinbar mit dem Nationalstaat des 19. Jahrhunderts. Preußen hat den Nationalstaat noch begründen, aber nicht mehr prägen können. Der Rest war ›langes Sterben‹.«[24] König Wilhelm I. hatte dies instinktiv erfaßt, als er am Vorabend der Kaiserproklamation seinem Kanzler unter Tränen bekannte: »Morgen ist der unglücklichste Tag meines Lebens. Da tragen wir das preußische Königtum zu Grabe.«[25]

Das Ende des Jahrhunderts sah in allen Ländern Europas einen neuen Nationalismus, der auch die Intellektuellen ergriff. In Frankreich erschütterte die Dreyfus-

Affäre die dritte Republik, in England fiel Gladstones liberale Regierung den »dröhnenden neunziger Jahren« mit ihrem »Scramble for Africa« zum Opfer. Es gab einen allgemeinen Klimawechsel. In England wurde der Imperialismus von Kipling als des weißen Mannes Bürde ideologisch und ästhetisch überhöht und erfaßte in der Populärform des Jingoismus* die Volksmassen, in Frankreich predigten Maurras und Barrès die Verbindung von Nationalismus und Antisemitismus. Die Pariser Zeitung »Le Temps« schrieb aus Anlaß von Salisburys Rücktritt im Jahre 1901: »Was heute mit dem Rücktritt Lord Salisburys zu Ende geht, ist eine ganze geschichtliche Epoche. Es ist eine Ironie des Schicksals, daß das, was er weitergibt, ein demokratisiertes, imperialisiertes, kolonialisiertes und vulgäres England ist – also in jeder Beziehung das Gegenteil dessen, was die Tories, die aristokratische Tradition und die Hochkirche, deren lebendiger Ausdruck er war, beinhalten. Es ist das England Mr. Chamberlains und – ungeachtet der nominellen Führung – nicht das Mr. Balfours.«[26] Doch trotz dieses Gezeitenwechsels blieb die skeptische Tradition des englischen Konservatismus mit ihren whiggistischen Wurzeln lebendig. Nicht die aus der Volkssouveränität geborene Nation, sondern die allmähliche Demokratisierung und die Anpassung der geschichtlich gewachsenen Institutionen an die Vertretungsbedürfnisse neuer Schichten und Interessen bleiben das Ideal eines an Burke geschulten Denkens. Nicht Gleichförmigkeit, sondern Mannigfaltigkeit, nicht Einheit, sondern Harmonie waren die Schlüsselbegriffe dieses Konservatismus. Salisbury und Balfour, Lord Acton, die Edinburgh-Review und das Reformkabinett Asquith bewahrten England vor dem Absturz in den Jingoismus und auch in Frankreich erfochten die Dreyfusianer einen halben Sieg. Weder gelang es dem Nationalismus, dem französischen Volk den Verrat des Hauptmann Dreyfus als ein nationales Dogma aufzuzwingen, noch die demokratische Republik in einen autoritären Staat zu verwandeln. Teile des Bürgertums und der Intelligenz sowie einige Köpfe der Aristokratie und der Armee widerstanden der Hysterie und hielten an der konstitutionellen Tradition des Landes fest. Der aristokratische Skeptizismus eines Anatole France und eines Marcel Proust verband sich mit Clemenceaus und Zolas bürgerlichem Radikalismus und dem bäuerlichen Konservatismus eines Charles Péguy zur Verteidigung der laizistischen Republik.

Anders in Deutschland. Hier gelang es nicht, die Bismarcksche Reichsgründung durch eine gesellschaftliche Integrationsleistung zu ergänzen. Jede Großmacht braucht eine Rechtfertigung, um Anerkennung und nicht bloße Furcht zu wecken. Bismarcks Werk hatte wohl das Recht historischen Geschehens, aber keine Rechtfertigung im Zeichen einer Idee für sich. Das neue Reich appellierte nicht, wie Frankreich und England, an die Phantasie der Völker, an ihre Zukunftserwartung, ihren Menschheitsglauben. Es diente keinem werbenden Gedanken. Es stand für nichts, was über die bloße Staatlichkeit hinauswies. Deutscher-Sein enthielt kein Bekenntnis wie Engländer- oder Franzose-Sein; es besagte keinen Dienst an übernationalen Idealen, wie sie durch das christliche Königtum Frankreichs, dessen Zivilisationsidee die große Revolution später in verwandelter Form übernahm, und den Puritanismus repräsentiert wurden.[27] Es war so falsch nicht, wenn Ernest Renan nach dem deutsch-französischen Krieg an David Friedrich Strauß schrieb: Manche Völker hätten ehedem Siege errungen und Imperien gegründet: Spanier, Franzosen, Briten. Jedesmal habe der politischen Herrschaft eine Ausstrahlung des Geistes entsprochen; der Welt, den Besiegten selbst, hätten die Sieger etwas geboten durch ihre ordnende Kraft, ihren Glauben, ihre Kunst, ihren Stil. Dies sei nun das Erschreckende an dem deutschen Sieg: Neu-Deutschland zeige nur Macht, blanke, wirksame, schneidende Macht ohne jede frohe Botschaft. Sein Triumph sei ein materieller und nichts weiter, und solche Triumphe brächten keinen Segen.[28] Die bürgerliche Gesellschaft des neuen Deutschen Reiches blieb deshalb eine »Gesellschaft ohne Selbstbewußtsein«.[29] Der ostpreußische Adel, die Führungsschicht in Staat und Gesellschaft, fürchtete den ökonomischen Abstieg und das Bürgertum hatte keine Idee von seiner Bestimmung und Angst vor den sozialen Ansprüchen des vierten Standes. »Nur allzu offenkundig sehnt sich ein Teil des Großbürgertums nach dem Erscheinen eines neuen Cäsars, der sie schirme – nach unten gegen aufsteigende Volksmassen – nach oben gegen sozialpolitische Anwandlungen, deren ihnen die deutschen Dynastien verdächtig sind«.[30] Der nationale Stolz, die Selbstgewißheit waren gebrechlicher als in England oder Frankreich. Verglichen mit dem Selbstbild eines Engländers, hatte ein Deutscher nur ein unbestimmtes Bild von seinem Land und von seinen nationalen Merkmalen. Es gab keinen way of life, der auf natürlich-gelassene Art bestimmte, was deutsch war. Die Identifikation fand über keine gemeinsame Weltanschauung, sondern über industrielle und soziale Errungenschaften statt. Das deutsche Selbstbild war im Alltagsleben mit keinem Verhaltenskanon verknüpft, es wurde an Fest- und Feiertagen wie in Krisenzeiten programmatisch entworfen und war damit auf ideologische Krücken angewiesen. Ein aggressiver Nationalismus war deshalb als gesellschaftliches Bindemittel wichtiger als in den alten Nationalstaaten Westeuropas.[31] Durch den Sieg der Hohenzollern verlagerte sich das Schwergewicht Deutschlands zudem in den protestantischen Norden und der deutsche Konservatismus verbündete sich mit dem lutherischen Staatskirchentum, wiederum eine »ungleichzeitige« Entwicklung gegenüber England und Frankreich. Während sich in diesen Ländern allmählich eine demokratische Industriegesellschaft ausbildete, hing Preußen-Deutschland dem lutherischen Gemeinschaftsideal an. Nicht die Gesellschaft selbstverantwortlicher und selbständiger Einzelner, sondern die naturwüchsige oder historische Gemeinschaft wurde zum Idealbild der konservativen Eliten. Denn – so ihre Begründung – die Gemeinschaft ist ein lebendiger Organismus, die Gesellschaft dagegen ein mechanisches Kunstprodukt. In dieser Unterscheidung, die Tönnies 1887 mit seinem Buch »Gemeinschaft und Gesellschaft« in die Sozialwissenschaften einführte, wurzelt auch die lutherisch-deutsche Distanz gegenüber den Institutionen, die Machtmißbrauch eindämmen können. In einer Gesinnungsgemeinschaft ist für checks and balances kein Raum, denn ihre Freiheit ist eine »innerliche«, keine politische und somit losgelöst vom Leben und Treiben der Welt.[32] Was sich zu Beginn des Jahrhunderts in der Abwehr der Ideen von 1789 zum ersten Mal gezeigt hatte, wird jetzt zur herrschenden Ideologie. Die Vorstellung von einem »Inneren Reich« und, damit verbunden, die

Neigung zu Träumerei und verschwommenen Gefühlslagen begünstigen die Abwendung vom Westen und den fatalen Glauben an eine deutsche kulturelle Mission, an die Brückenfunktion zwischen West und Ost.[33] Der deutsche Kulturpessimismus betritt die Bühne und wendet das Gesicht des neuen Deutschlands nach Osten. Es ist heute kaum nachvollziehbar, daß ein wirres, in schlechtem Deutsch geschriebenes Buch über »Rembrandt als Erzieher« von Kritikern als »das bedeutendste Buch unseres Jahrhunderts«[34] gepriesen wurde. Es findet sich in Julius Langbehns Machwerk wenig über Rembrandt, dafür werden alle Themen des deutschen Konservatismus angeschlagen: Ablehnung der zeitgenössischen Kultur, Verhöhnung der Vernunft und Furcht vor den Wissenschaften. Langbehn setzt nicht auf Reformen, sondern auf die Zerstörung der bürgerlichen Gesellschaft. Modernität und Rationalismus sind verwerflich, nur ein neuer Primitivismus kann die elementaren menschlichen Leidenschaften freisetzen und eine neue germanische Gesellschaft schaffen, deren Grundlagen Kunst, Genialität und Macht sind. Wie Paul de Lagarde vor ihm und Oswald Spengler nach ihm, formuliert Langbehn ein konservatives Krisenprogramm, das mit den konservativen Grundüberzeugungen vom Bewahren und Anpassen nichts mehr zu tun hat.[35] Statt in konkreter Begrifflichkeit zu argumentieren, wird dem absolutistischen Erbe der französischen Aufklärung mit absolutistischer Gegenaufklärung begegnet. Dem utopischen Entwurf einer Gemeinschaft von Freien und Gleichen wird das Bild einer rassisch getönten Volksgemeinschaft entgegengesetzt. Nicht die Sicherung der Freiheit des Einzelnen durch Institutionen, sondern das Aufgehen des Individuums in der Schicksalsgemeinschaft Nation ist das Programm der Gegenrevolution.

In diesem Geist empfängt das deutsche Bürgertum die Musik Richard Wagners und die Philosophie Friedrich Nietzsches. Statt des großen sozialen Romans, wie ihn England, Frankreich und Rußland durch Dickens und Thackeray, Balzac, Flaubert und Zola, Gogol und Tolstoi hervorbringen, entstehen in Deutschland die Musikdramen Richard Wagners als ein Hymnus auf das Völkisch-Mythische. Raffinierteste Theatralik zum Zwecke der Erlösung des Volkes durch den Helden waren sie Opium für das Bürgertum. Zusammen mit dem ästhetischen Genie- und Heroenkult Nietzsches bilden sie den kulturellen Resonanzboden für die Abkehr von Aufklärung, Zivilisation und bürgerlich-humanistischer Tradition. Dabei ist entscheidend, was in das Werk hineingesehen oder besser noch herausgelesen wird. Nietzsches Kritik an neudeutschem Kulturphilistertum, Machtrausch, nationaler Überhebung und Rassenwahn verschwindet hinter dem Lob des Übermenschen. Seine Bewunderung für mediterrane Klarheit, die französischen Moralisten und die Musik Bizets paßten nur schlecht zum deutschtümelnden Kulturpessimismus und spielten deshalb in der populären Nietzsche-Rezeption keine Rolle.

Herrenmenschentum und rücksichtslose Verachtung alles Schwachen hingegen ließen sich problemlos von ihren ästhetischen und philosophischen Voraussetzungen in Griechentum und Renaissance lösen und zur Herrenmoral einer neuen deutschen Elite stilisieren. So endet in der Verherrlichung der Barbarei, was als Kampf gegen die akademische Orthodoxie einer lebensfeindlichen Wissenschaftskultur begann. Novalis hat diese in Wagner und Nietzsche triumphierende Geisteshaltung am treffendsten kritisiert: »Das Ideal der Sittlichkeit hat keinen gefährlicheren Nebenbuhler als das Ideal der höchsten Stärke, des kräftigsten Lebens, was man auch das Ideal der ästhetischen Größe benannt hat. Es ist das Maximum des Barbaren und hat leider in diesen Zeiten der verwildernden Kultur gerade unter den größten Schwächlingen sehr viele Anhänger erhalten. Der Mensch wird durch dieses Ideal zum Tier – Geiste – eine Vermischung, deren brutaler Witz eben eine brutale Anziehungskraft für Schwächlinge hat.«[36] Harry Graf Kessler schrieb 1935 in seinen Erinnerungen »Gesichter und Zeiten« im Rückblick: »Unsere Generation war wohl die erste, die von Nietzsche tief beeinflußt wurde. Zu Anfang war unser Gefühl eine Mischung aus angenehmen Gruseln und staunender Bewunderung vor dem Monsterfeuerwerk seines Geistes, in dem ein Stück nach dem anderen unseres moralischen Rüstzeugs in Rauch aufging ... Nachdem die Gefährdung durch die Zeit aus einer theoretischen Möglichkeit zu einer tragischen Erfahrung geworden war, wurde uns klar, daß das rauhe Klima des Jahrhundertendes eine andere Gesundheit und Härte der Seele erforderte als das weiche und romantische deutsche Biedermeier.«[37] In Ernst Kantorowiczs Buch über Friedrich II. kann man nachlesen, welche Bewunderung das gebildete Deutschland einer Herrscherpersönlichkeit entgegenbrachte, die, frei von moralischen Bedenken, jene Härte der Seele besaß, die zu großen Taten befähigte. Friedrich Meinecke hat später in seinem Buch über »Die deutsche Katastrophe« davon gesprochen, daß das geistige Klima in Deutschland in diesen Jahren geprägt gewesen sei von einer Offenheit und Nacktheit, von einer prinzipiellen Schärfe und Bewußtheit, der Freude an rücksichtslosen Konsequenzen und der Neigung, etwas zunächst doch Praktisches zu etwas Weltanschaulichem zu erheben.[38] Was im Politischen und Philosophischen begann, vollendete sich im Literarischen und Ästhetischen. Emanuel Geibel und Paul Heyse, Gustav Freytag, Felix Dahn und Viktor von Scheffel, Karl von Piloty und Anton von Werner waren die neuen Heroen eines verspäteten Klassizismus und einer falschen Renaissance. Wie in Literatur und Malerei, so in Architektur und Plastik. Nie ist unwahrhaftiger gebaut worden; Bahnhöfe und Kasernen als gotische Burgen, Fabriken als Renaissance-Paläste und Fabrikantenvillen als Rokoko-Schlößchen. Auf der Weltausstellung in Philadelphia im Jahre 1876 erlebte die Berliner Plastik ein Debakel. Ein Kritiker berichtete, die Deutschen hätten allen ästhetischen Sinn verloren und seien nur noch von tendenziösem Patriotismus beseelt. Bataillonsweise ließen sie »Germanien, Borussien, Kaiser, Kronprinzen, Bismarcks, Moltken, Roonen« aufmarschieren. Die Berliner Plastik war pervertiert: Statt der Idealität, die sie einst verkündete, verbündete und verkaufte sie sich jetzt den »Ideen des Monarchismus und Militarismus«, wie einer ihrer schärfsten Kritiker, Richard Muther, schrieb. Illustrer Attizismus war in barockes Pathos, in spätrömische Vulgarität umgeschlagen.[39] Die Bilder kündeten von falschem Denken, wie es exemplarisch in Werner Sombarts »Händler und Helden« zutage tritt: »Militarismus ist der zum kriegerischen Geiste hinaufgesteigerte heldische Geist. Er ist Potsdam und Weimar in höchster Vereinigung. Er ist ›Faust‹ und ›Zarathustra‹ und Beethoven-Partitur in den Schützengräben. Denn auch die Eroika und die Egmont-Ouvertüre sind doch wohl echtester Militarismus.«[40] Ausländische Beobachter, wie der kluge und gebildete Henry Adams, sahen in dieser Mischung zurecht eine ästhetische Katastrophe durch geistiges Versagen: »Vierzig Jahre haben eine neue Schicht von schlechtem Geschmack zu allem Vorigen gefügt. Es macht mich krank, wenn ich bedenke, daß dies das ganze Ergebnis meiner Lebenszeit ist. In Italien sah ich dasselbe, aber doch nicht in so riesigen Dimensionen. ... Alles in allem macht Deutschland mir den Eindruck eines hoffnungslosen Versagens.«[41]

* Der Begriff geht auf einen in England in dieser Zeit sehr populären Schlager zurück: »Wir wünschen nicht zu fechten, doch, bei Jingo, wenn's uns gefällt: Wir haben die Schiffe und die Männer und das Geld.«

Radikalisierung in der
»Konservativen Revolution«

Nach dem Verlust des Weltkriegs werden diese Ideen ins Radikale, ins Absolute getrieben. Deutschland verbrennt hinter sich die Schiffe, wie jener tollkühne Agathokles von Syrakus, als er in Afrika gelandet war, um den Angriff auf Karthago aufzunehmen und selbst eine so fest in den abendländischen Traditionen verwurzelte Persönlichkeit wie Hugo von Hofmannsthal erkennt darin einen Akt der »Kraft und Gesundheit des Gewissens, eine deutsche Kühnheit«, die aus der »Atmosphäre geistiger Beunruhigung und Fragwürdigkeit, in der wir leben, folgt«.[42] Das dem Papste Benedikt XV. zugeschriebene Wort aus dem Jahre 1918: »Luther hat den Krieg verloren«,[43] trifft die innere Lage des geschlagenen Deutschland. Vom zwiespältigen Bürgerbewußtsein der wilhelminischen Zeit war nur noch der Haß auf die westliche Zivilisation geblieben: »Der Westen ist Deutschlands Tod: die Rettung erfordert sich loszulösen von allem, was aus dem Westen kommt und was westlich ist. Alle westlichen Elemente, die Deutschland selbst in sich trägt, sind Spione, Soldaten, Advokaten und Missionäre der westlichen Mächte. Weil es um Sein oder Nichtsein geht, bleibt Deutschland, wenn es sich selbst erhalten will, das schwerste nicht erspart: die Bartholomäusnacht und Sizilianische Vesper gegen alles, was an Westlichem in ihm lebt. Mit grausamer Härte muß es in sich selbst ausrotten, was in ihm dem Westen verbündet ist, dem Westen

Zuträgerdienste anbietet, dem Westen Vorschub leistet. Das Bürgerlich-liberale ist unter den heutigen Weltverhältnissen für Deutschland › Feind im Land ‹; es ist die Romanisierungs-, Zivilisations-, Urbanisierungs-, Verwestlichungs- und Entdeutschungsform des deutschen Menschen. Je mehr einer Bürger ist, desto weniger ist er Deutscher.«[44] Was Ernst Niekisch negativ, als Abgrenzung formuliert, gewinnt bei Ernst Jünger eine positive Bedeutung: »Wir werden nirgends stehen, wo nicht die Stichflamme uns Bahn geschlagen, wo nicht der Flammenwerfer die große Säuberung durch das Nichts vollzogen hat. Weil wir die echten, wahren und unerbittlichen Feinde des Bürgers sind, macht uns seine Verwesung Spaß. Wir aber sind keine Bürger. Wir sind Söhne von Kriegern und Bürgerkriegern, und erst wenn dies alles, dieses Schauspiel der im Leeren kreisenden Kreise, hinweggefegt ist, wird sich das entfalten können, was noch an Natur, an Elementarem, an echter Wirklichkeit, an Fähigkeit zu wirklicher Zeugung mit Blut und Samen in uns steckt. Dann erst wird die Möglichkeit neuer Formen gegeben sein.«[45] Der Verrat der konservativen Eliten in den dreißiger Jahren hatte sein Vorspiel im intellektuellen Extremismus der zwanziger Jahre. Der Bücherschrank Schulenburgs, eines konservativen Rebellen, der an der Verschwörung vom 20. Juli teilhatte und anschließend hingerichtet wurde, macht die Zusammenhänge deutlich. Wir finden hier Langbehn und Ernst Jünger, Moeller van den Bruck, Karl Haushofer (»Geopolitik«), Hans Grimm (»Volk ohne Raum«), Oswald Spengler (»Preußentum und Sozialismus«) und schließlich den genial-verführerischen Staatsrechtler Carl Schmitt[46], dessen Begeisterung für den Ausnahmezustand, das politische Freund-Feind-Denken und den Cäsarismus als Ausdruck wahrer Demokratie einen staatsphilosophischen Nekrolog auf die Weimarer Republik darstellen: »Der Krieg, die Todesbereitschaft kämpfender Menschen, die physische Tötung von anderen Menschen, die auf der Seite des Feindes stehen, das alles hat keinen normativen, sondern nur einen existentiellen Sinn, und zwar in der Realität einer Situation des wirklichen Kampfes gegen einen wirklichen Feind, nicht in irgendwelchen Idealen, Programmen oder Normativitäten.«[47] Wen wundert es bei dieser Lektüre, daß Schulenburg die Vorstellung hegte, durch die mit einem Krieg verbundene Militarisierung und Disziplinierung würde Deutschland genesen und zu seiner von der politischen Kultur Westeuropas deutlich unterschiedenen Eigenart zurückfinden, in der die volkhafte Lebensordnung über den bürgerlichen Staat triumphiert.[48] Die hier zum Ausdruck kommende Geisteshaltung war die der »konservativen Revolution«, die schon begrifflich als »erhaltender Umsturz« eine logische Unmöglichkeit war.[49] Obwohl dieser Begriff von Hugo von Hofmannsthal geprägt wurde, der als genuiner Konservativer kulturelle Traditionen und Ausdrucksformen bewahren wollte, spiegelt sich in diesem Begriff das falsche Denken vermeintlicher Konservativer, die nicht mehr darauf aus sind, Dinge zu bewahren, sondern in einem revolutionären Prozeß erst »Dinge zu schaffen, die zu erhalten sich lohnt.«[50]

Der Tod als Gemeinschaftserlebnis und die Ersetzung des »Ich« durch das »Es« bei Heidegger, bezeichnen die extremsten Fluchtpunkte vom westeuropäischen Geist. »Der Verfall an den Betrieb, – an die großen Worte, die Rhetorik ohne Gehalt – die Emotion der Selbst- und

Massenberauschung in Wechselwirkung, – an das man, – an das Technische«, wie Jaspers in seinen Notizen zu Martin Heidegger schreibt[51], bezeichnen auch das Ende der klassischen deutschen Philosophie, mit der der Konservatismus im 19. Jahrhundert über weite Strecken verbündet war. »Heidegger weiß nicht was Freiheit ist«[52] – dieses Jasperswort richtet auch den deutschen Konservatismus, der sich von seinen Ursprüngen entfernt und die europäischen Traditionen verraten hatte: Einzig im Selbstopfer erfüllte sich für ihn das Leben, denn der Tod war ein Meister aus Deutschland und Langemarck nicht nur ein Schlachtfeld, sondern ein Symbol romantischer Todessehnsucht. Carl Friedrich von Weizsäckers Wort: »Heine meinte: Die Welt werde erzittern, wenn die Deutschen zu tun beginnen, was sie denken. Wir haben jedoch die Welt zittern gemacht, indem wir das Denken vergaßen und nur den Titanismus ins Handeln übersetzten«[53], ist nur die halbe Wahrheit, da der Titanismus seine Wurzeln in der deutschen Kultur hatte und als tragische Dimension gesellschaftlichen wie politischen Scheiterns in ihr angelegt war. Spenglers Lob der Männer der Tat, die sich jenseits von gut und böse, vital und triebhaft gebärden wie Raubtiere im Urwald, nahm eine Erscheinung wie Heydrich vorweg. Sein Haß auf die demokratischen »Fellachenideale«[54], auf schöngeistige Schwächlinge und Humanitätsphrasendrescher zerstörte den republikanischen Geist, und die Prophetie des Cäsarismus erschöpfte die intellektuellen Widerstandskräfte, noch ehe der falsche Cäsar in der Tür stand.

Im Juli 1933 notierte Harry Graf Kessler eine Bemerkung des Schriftstellers Hermann Graf Keyserling in sein Tagebuch: Er habe Hitler genau studiert. Nach Handschrift und Physiognomie sei er ein ausgesprochener Selbstmördertyp, jemand, der den Tod suche. Er verkörpere damit einen Grundzug des deutschen Volkes, das immer in den Tod verliebt gewesen sei und dessen immer wiederkehrendes Grunderlebnis die Nibelungennot sei. Die Deutschen fühlten sich nur in dieser Situation ganz deutsch, sie bewunderten und wollten den zwecklosen Tod, das Selbstopfer. Und sie ahnten, daß Hitler sie wieder einer Nibelungennot, einem grandiosen Untergang entgegenführe; das fasziniere sie an ihm. Er erfülle damit ihre tiefste Sehnsucht. Franzosen oder Engländer wollten siegen, die Deutschen wollten immer nur sterben.[55] So hatte Clemenceau doch etwas Richtiges gesehen, als er mit der Hellsicht des Feindes schrieb: »Lieber Freund, es entspricht dem Wesen des Menschen, das Leben zu lieben. Der Deutsche kennt diesen Kult nicht. Es gibt in der deutschen Seele, in der Kunst, in der Gedankenwelt und Literatur dieser Leute eine Art Unverständnis für alles, was das Leben wirklich ist, für das, was seinen Reiz und seine Größe ausmacht, und an dessen Stelle eine krankhafte und satanische Liebe zum Tod. Diese Leute lieben den Tod. Diese Leute haben eine Gottheit, die sie zitternd, aber doch mit einem Lächeln der Ekstase betrachten, als wären sie von einem Schwindel erfaßt, und diese Gottheit ist der Tod. Woher haben sie das? Ich weiß darauf keine Antwort. Der Deutsche liebt den Krieg als Selbstliebe und weil an dessen Ende das Blutbad wartet. Der Deutsche begegnet ihm, wie wenn er seine liebste Freundin wäre«.[56]

Zumindest die Protagonisten der »konservativen Revolution« hatte Clemenceau in diesem Punkt sehr tief und richtig gesehen. Der Konservatismus hatte sich –

ein Wanderer ins Nichts, wie Radek in seinem Nachruf auf Albert Leo Schlageter formulierte[57] – ins Lager seiner Gegner begeben und – gemessen an seinen Ursprüngen – den entferntesten Punkt seines geschichtlichen Weges erreicht. Es verwundert nicht, daß ein Buch wie »Der Arbeiter« von Ernst Jünger mit seiner programmatischen Trennung vom Bürgerlichen, von Linken wie Rechten als Programmschrift eines stählernen Sozialismus gedeutet wurde. Auf die Frage: Christus oder Barabbas, hatte die »Konservative Revolution« sich für Barabbas entschieden und nicht – wie Donoso Cortés einst gehöhnt hatte – die Frage mit einem Vertagungsantrag oder der Einsetzung einer Untersuchungskommission beantwortet.[58] Es war – um mit Karl Heinz Bohrer zu sprechen – unser letzter Versuch überhaupt – mit welch geistigen und moralischen Mitteln auch immer –, uns selbst als besondere Kategorie, die Metaphysik des Ichs gegen eine internationale Regel ins Feld zu führen.[59] Die sich diesem Versuch einer Ablösung vom Abendlande – wenn auch spät, zu spät – entgegenstellten, wurden in Hitlers Konzentrationslagern ermordet. Im Widerstand fanden die nobelsten deutschen Konservativen wieder Zugang zum Allgemeinverbindlichen, allerdings nicht aus der deutsch-nationalen Ideenwelt, sondern durch persönliche Entscheidung und die Besinnung auf Grundsätze der Ethik, die außerhalb dieser Ideologie lagen. Mit ihnen ging der preußisch-deutsche Konservatismus zugrunde. Für sie alle hat der Mentor der Geschwister Scholl, Professor Huber, vor dem Volksgerichtshof das allzeit gültige Schlußwort gesprochen: »Ich habe gehandelt, wie ich aus einer inneren Stimme heraus handeln mußte. Ich nehme die Folgen auf mich nach dem schönen Wort Johann Gottlieb Fichtes:

Und handeln sollst du so, als hinge
Von dir und deinem Wort allein
Das Schicksal ab der deutschen Dinge,
Und die Verantwortung wär' dein.[60]

So steht Fichte zugleich am Beginn wie am Schluß eines konservativen Weges, der nirgendwohin führt und den erneut zu gehen für Deutschland tödlich wäre.

Staat ohne konservative Partei

Die Gründung der Christlich Demokratischen Union nach 1945 konnte deshalb keine konservative Parteigründung sein. Sie war der Zusammenschluß bürgerlicher wie nichtbürgerlicher Kräfte unter einem ethischen Signet. Die Gründung der CDU war eine Absage an alle vorindustriellen Werthaltungen und Strukturen. Sie war der endgültige Durchbruch der demokratischen Industriegesellschaft in Deutschland und damit eher ein Neubeginn als eine Wiederaufnahme verschütteter Traditionen. Versprengte Konservative schließlich fanden über Arnold Gehlen den Weg zur technischen Rationalität einer egalitären demokratischen Gesellschaft. Die CDU hatte Teil an der weltweiten Modernisierung auf marktwirtschaftlicher Basis. Sie war die Partei, die das Projekt der Moderne vollenden und die demokratische Industriegesellschaft in Deutschland befestigen sollte. Europa, der Gemeinsame Markt, Hochtechnologie, rationale Verwaltungseinheiten, die Individualisierung und Mobilisierung gesellschaftlicher Milieus waren und sind Ziele ihrer Politik. »Konservativ sein heißt an der Spitze des Fortschritts marschieren« – diese Formel von Franz Josef Strauß ist zwar geistesgeschichtlich nicht haltbar, bezeichnet aber griffig jene das Projekt der Moderne vorantreibende Haltung, die die Verluste des Fortschritts ausklammert, die zu thematisieren Aufgabe des Konservativismus ist. Konservativ ist die CDU nur insofern, als sie die nach 1949 im Westen Deutschlands entstandene

Ordnung bewahren will. Dabei muß sie sich von Zeit zu Zeit als Reparaturbetrieb mißlungener Reformen und utopischer Weltverbesserungsideen betätigen. Da dieser Staat, den sie verteidigt, im Unterschied zu den Nationalstaaten unserer Nachbarn, in denen die Klassenstrukturen noch weitgehend intakt sind, im Ansatz egalitär ist, gibt es keine Kontrastbilder, die es ihr erlaubt hätten, gesellschaftliche Veränderung à la Thatcher zu betreiben. Der Nationalsozialismus hat die deutsche Klassengesellschaft, wie sie im Kaiserreich Gestalt gewonnen hatte, endgültig zerstört und damit sowohl die konservative Verteidigung von Standesvorrechten als auch deren demokratische Einschmelzung irrelevant werden lassen.

Die Erfolge dieser Politik liegen auf der Hand. Zum ersten Mal ist die parlamentarische Demokratie westeuropäischer Prägung fest in Deutschland verankert. Zum ersten Mal ist es den Deutschen gelungen, Konfliktlösungsmodelle zu entwickeln, deren Fehlen die Republik von Weimar zerstört hat. Zum ersten Mal hat sich in Deutschland eine zivile bürgerliche Gesellschaft gebildet, hat Deutschland Abschied genommen vom lutherischen Gemeinschaftsideal. Das erste Mal haben die Deutschen ein gesellschaftliches Mindestmaß an Toleranz ausgebildet; zum ersten Mal hat auch eine politische Klasse in Deutschland pragmatischen Realismus als Tugend begriffen. Die Staatsraison der Bundesrepublik stützt sich nicht wie die des Kaiserreichs auf zwei Augen, deren Erlöschen den Staat zum Schiff ohne Steuermann werden ließ.

Gesellschaft ohne konservativen Halt

Doch diesen unbezweifelbaren Erfolgen stehen Gefährdungen gegenüber. Es ist eine geschichtliche Ironie, daß in der Stunde des weltweiten Sieges der demokratischen Industriegesellschaft die Verluste deutlich werden, die dieser Sieg gekostet hat. Von vielen Menschen wird die ökonomische und gesellschaftliche Modernisierung und die damit einhergehende unaufhaltsame Entfaltung der Produktivkräfte inzwischen als Bedrohung empfunden. Die Utopie der Überflußgesellschaft scheint in dem Augenblick erschöpft, da die Länder Osteuropas sich anschicken, diese Utopie gegen den verbrauchten Staatssozialismus einzutauschen. Individualisierung und Emanzipation haben zur Auflösung haltender und haftender Milieus geführt. Vielen Menschen ist die Orientierungsfähigkeit abhandengekommen. Die neue Unübersichtlichkeit ist kein soziologisches Schlagwort, sondern eine gesellschaftliche Befindlichkeit. Der Niedergang der Landwirtschaft, die allmähliche Auflösung des Bauerntums, Bodenversiegelung und Umweltzerstörung durch die gewachsene Mobilität haben Verluste von Kulturgütern und Landschaft verursacht, die dem neuen Wohlstand gegengerechnet werden müssen. Joachim Fest spricht in seinem Italien-Buch[61] davon, daß für die nächste Generation die Italien-Erlebnisse Goethes, Seumes oder Gregorovius tote Buchstaben sein werden. Die römische Campagna, der landschaftliche Hintergrund jeder Romreise, ist bis auf wenige Reste vernichtet. Zwischen Capua und Paestum droht der Brei der Urbanisation die letzten antiken Landschaftsreste zu überschwemmen. Die damit verbundenen Erfahrungsverluste und die zunehmende Veränderungsgeschwindigkeit schaffen jene »Entweihung von Herkunft und Zukunft«,[62] jene Kluft zwischen Erfahrung und Erwartung, die die Kette zerreißt, die die Verstorbenen mit den noch nicht Geborenen verbindet. Odo Marquard spricht vom Zeitalter der Weltfremdheit,[63] Kurt Biedenkopf beklagt den Verlust von Geborgenheit, Überschaubarkeit und Simplizität.[64] Und Rüdiger Altmann befürchtet, daß der Verschleiß an Stabilität, den die Dynamik des industriellen Systems bewirkt, sich durch innovative Investitionen nicht mehr ersetzen läßt.[65] Die Republikaner waren eine Reaktion auf diese Entwicklung. Sie sind kein deutsches Phänomen. In allen westeuropäischen Staaten treffen wir inzwischen auf Reaktionen von Modernisierungsverlierern. Die Thatcher-Revolution in England hat in den letzten zehn Jahren die gesellschaftliche Modernisierung mit weit höheren Verlusten vorangetrieben als in jedem anderen europäischen Land. 14 % grüne Stimmen in den Tory-Hochburgen des bürgerlichen Südens bei den Europawahlen deuten auch hier auf Defizite des englischen Konservativismus, der unter Margaret Thatcher zu einer rationalistischen Ideologie zu werden drohte. Konservative haben es überall in Westeuropa versäumt, die mit der industriellen Modernisierung einhergehenden Verluste zu thematisieren. Sie haben die Grenzen der kulturellen Resorptionsfähigkeit nicht erkannt und das Projekt der Moderne zu schnell vorangetrieben. Selbst in Japan, Singapore und Südkorea werden die menschlichen Grenzen des ökonomischen Modernisierungsprozesses deutlich.

»Eine Gesellschaft, die ständig Veränderungen produziert, ohne sich ein Ziel setzen zu können, entwickelt den Hang zum Konservativen und sehnt sich, auf den Straßen des Fortschritts weitertrabend nach Beständigkeit, nach Seßhaftigkeit und möchte festhalten, was doch unvermeidlich entgleitet.«[66] Diese Feststellung von Johannes Gross enthält eine wesentliche Ursache für die Flucht in einen falschen Konservativismus. Die gesellschaftlichen Stabilisatoren reichen – das machen die Erfolge der Republikaner deutlich – offensichtlich nicht aus. Dennoch gibt es keinen Gegensatz zwischen ökonomischer Rationalität und kultureller Resorptionsfähigkeit, da ein kultureller Zerfall der Gesellschaft die ökonomischen Erfolge mit sich in die Tiefe reißen würde.

Die neuen Herausforderungen machen es notwendig, die konservativen Wurzeln der CDU zu definieren. Das Strukturdefizit der Nachkriegszeit muß beseitigt werden, da diese Nachkriegszeit zu Ende geht und neue Fragestellungen auch neue Antworten erfordern. Mit der Vollendung der Einheit Deutschlands ist die Geschichte zwar nicht an ihr Ende gekommen, aber die »nationalkonservative« Intention hat ihr Ziel erreicht. Die Sehnsucht nach der geeinten Nation in gesicherten Grenzen ist erfüllt und damit kein politisches Movens mehr. Der Jugendstreich der Reichesgründung, den die Nation auf ihre alten Tage beging, und den sie – so Max Weber – seiner Kostspieligkeit halber besser unterlassen hätte, wenn er der Abschluß und nicht der Anfang einer deutschen Weltmachtpolitik sein sollte, ist uns teuer zu stehen gekommen.[67] Eine Wiederholung ist nicht zu befürchten und für nationalkonservative Weltmachtpolitik kein Raum im zusammenwachsenden Europa. Der politische

Konservativismus kann seine Legitimation künftig nur aus seiner gesellschaftlichen Funktion beziehen. Er muß sich der Herausforderung des Kulturzerfalls durch die Entfesselung der Produktivkräfte und der ethischen Problematik einer konsumorientierten Leistungsgesellschaft stellen.

Tugendpflege als Ersatzkonservativismus

Wie sehen nun mögliche Stabilisatoren aus, die dem Modernisierungsprozeß seine die Menschen verunsichernde Wucht nehmen könnten und deren Bau und Erhalt eine konservative Aufgabe wäre? Vor einigen Jahren entstand öffentlicher Streit über die Rolle von Traditions- und Tugendpflege in unseren Gesellschaften. Jürgen Habermas warf den sogenannten Neokonservativen vor, daß sie die sozial unerwünschten Nebenfolgen eines politisch richtungslosen Wirtschaftswachstums auf die Ebene einer geistig-moralischen Krise verlagerten, die der Kompensation durch unverbildeten Common sense, Geschichtsbewußtsein und Religion bedürfe.[68] Mit anderen Worten, Habermas sah im Neokonservativismus die Blockierung der Aufklärung auf dem Wege zu einer konfliktfreien, die Entfremdung überwindenden Gesellschaft. Diese Kritik setzt ein ungebrochenes Vertrauen in die wissenschaftlich-theoretische wie politische Möglichkeit einer konfliktfreien Gesellschaft durch demokratische Veränderungen voraus. Sie hängt an der philosophischen Überzeugung von der »Wahrheitsfähigkeit praktischer Fragen«, d. h. von einer als allein möglicher Inhalt eines diskursiven Konsenses ableitbaren Universalmoral oder »kommunikativen Ethik«, die ausdrücklich im Gegensatz zu Max Webers These von einem unauflösbaren Pluralismus der Werte steht.[69] In einer solchen, von Sonderinteressen befreiten, durch einen herrschaftsfreien, nur an der Wahrheit orientierten Diskurs gesteuerten Gesellschaft ist kein Raum für kompensatorische Befriedung. Daß dies nur die Fortschreibung der Marxschen Utopie ist, darf Konservative skeptisch machen. Marx hielt die entfremdete Teilarbeit für eine Besonderheit kapitalistischer Produktion – sie ist aber in der Arbeit allgemein angelegt. Die Marxsche Utopie einer Freiheit, d. h. Einheit und Befreiung des Einzelnen zur Gesellschaft ist bei höherer Arbeitsorganisation unmöglich. Die wachsende Produktivität beruht auf wachsender Entfremdung der Arbeit. Ihre gesellschaftliche Integration ist immer autoritär und für den Einzelnen in gewisser Weise Zwang, der durch keinen »herrschaftsfreien Diskurs« gemildert wird. Eine Aufhebung der Entfremdung ist also auch theoretisch im Sozialismus oder in einer von der »kommunikativen Ethik« beherrschten Gesellschaft nicht vorstellbar. Dies heißt konkret für alle modernen Gesellschaften, daß die Moderne die von Horkheimer[70] und Bell[71] beklagten ambivalenten Züge behalten wird, daß eine Auflösung der Widersprüche in einer konfliktfreien Gesellschaft in das Reich der Utopie gehört. Die »Dialektik der Aufklärung« ist eben keine Angelegenheit der spätkapitalistischen Moderne, sondern eine Angelegenheit der Moderne überhaupt. Damit ist der Vorwurf von links, daß diese neokonservativen Versuche, die Entfremdung zu entschärfen und der modernen Gesellschaft geistig-moralische Stützen einzuziehen, allein dazu diene, das Richtige, Mögliche und Notwendige abzublocken, falsch. Wie Tocqueville in der Religion eine Kraft erspürte, die geeignet ist, Demokratie und Freiheit miteinander zu versöhnen, so suchen die Neokonservativen in den von Habermas als kompensatorisch kritisierten geistig-moralischen Stützen ein gesellschaftliches

Palliativ, da sich die Entfremdung in modernen Gesellschaften nicht aufheben läßt. Die Neokonservativen streben nicht nach einer Beseitigung dieser Widersprüche, weil sie Aberglaube, Vorurteil, Dogma oder »interessierter Irrtum« daran hindern, sondern weil sie davon überzeugt sind, daß diese Widersprüche untrennbar mit der Moderne verbunden sind und der Traum von einer konfliktfreien Gesellschaft keine überzeugende theoretische Fundierung hat.[72] In dieser Analyse ist den Neokonservativen zuzustimmen, auch wenn Erziehung, Kultur, Religion, Geschichtsbewußtsein und Common sense letztlich die Fliehkräfte in einer durch Arbeitsteilung auf Zweckrationalität und Entfremdung angelegten Gesellschaft allein nicht bändigen können. Die Pflege vorindustrieller Tugenden, die sich der industriellen Gegenwart nur schwer einpassen lassen, kann individuell den Entfremdungsprozeß verlangsamen, auf Dauer ist diese Tugendpflege nicht geeignet, die Abwanderung gesellschaftlicher Gruppen in die Irrationalität zu verhindern, eine Einsicht, die gerade unter Konservativen verbreitet ist: »Diese Gegenwart wird mit alten Werten versetzt. Es findet eine Tugendpflege statt als Prothese eines Ethos, das der Gesellschaft fehlt. Dabei geht es um vorindustrielle Tugenden, die sich der industriellen Gegenwart nur mühsam einpassen lassen. Fleiß wird beispielhaft vorgelebt, der Arbeit ein Eigenwert zugeschrieben, obgleich die eigentlich industriellen Abläufe das notwendige Maß technisch erzwingen; Sparsamkeit wird nach dem Vorbild der Ameise in der Fabel La Fontaines unverdrossen eingeschärft und damit zyklusgerechtes Verhalten der Bevölkerung unmöglich gemacht. Treue zum Betrieb wird belobigt und mit staatlichen Orden belohnt, während gleichzeitig die Arbeitsvermittlung den Immobilismus der Arbeitnehmer bejammert.«[73] Mit anderen Worten: Die Moderne ermöglicht, ja fördert individuelle Lebensstile, die die Grundlagen ihrer Ermöglichung, nämlich Rationalität und Disziplin des Arbeitsprozesses angreifen. Die Konsumgesellschaft wird durch eine permanente Werbekampagne zu immer neuen Bedürfnissen provoziert, die in Deutschland immer neue soziale Forderungen an den Staat hervorrufen und damit dessen Stabilität untergraben.

Denn anders als in den angelsächsischen Ländern, wo die Tradition Peels und Cobdens die Überzeugung vermittelt hat, daß es in normalen Zeiten nicht Aufgabe des Staates ist, gesellschaftliche Probleme zu lösen, die von den gesellschaftlichen Gruppen in freier Auseinandersetzung gelöst werden können, glauben die Deutschen an die Kraft des merkantilistischen Interventionsstaates, dessen Pflicht es ist, Glück zu verteilen. Wird der Staat diesem Anspruch nicht gerecht, so wird er – wie der Untergang der Weimarer Republik gezeigt hat – von den gesellschaftlichen Gruppen dafür zur Verantwortung gezogen und politisch schuldig gesprochen.

Kunst als konservatives Widerlager

Was für die Tugendpflege gilt, gilt auch für den Versuch, die Kunst als Teil jener kompensatorischen Notwendigkeiten zu definieren, die eine mit wachsenden Erfahrungsverlusten konfrontierte Gesellschaft benötigt, um das Gleichgewicht zu halten. Kunst als Entlastung, Kunst als der Ausbruch des Menschen aus dem versteinerten Gehäuse der Rationalität und damit als konservatives Widerlager gegen die Entfremdung des Menschen in der Moderne ist der Kern der Entlastungsthese Arnold Gehlens: »Gerade damit aber gelingt ihr die Entlastung des Bewußtseins, denn der Staat liegt – wie Ernst Jünger sagt – wie ein Gebirge auf uns, der soziale Druck ist wie der atmosphärische so gewaltig, daß er in den Eigenzustand eingeht. Für phantastische, hochgetriebene Appetite, für großherzige Dummheiten, künstliche Paradiese, für die Räusche genialer Vereinsamung und die Sorglosigkeit breiter Naturen ist in der Gesellschaft kein Platz mehr, in der die Demokratie sich mit Organisation und pragmatischem Dogmatismus verbündet – so entsteht gerade in den durchbürokratisierten Gesellschaften eine Sehnsucht nach Außenseitern und Nonkonformisten. Das Publikum liebt es, wenn ihm das als erreichbar vorgeführt wird. Und nur in der Kunst (und der Literatur) kann man noch die Freiheitsgrade, Reflexionswachheiten und Libertinismen vorschweben lassen, die im öffentlichen Leben gar nicht unterzubringen wären; so wird sie Faszination und Sehnsuchtstraum, Freizügkeit und Atemholen, gerade weil sie die »existentiellen« Appelle nicht mehr enthält. Sie wird der Halt für Bewußtseinsexkursionen, denen der Platz sonst überall zugestellt ist. In das Soziale, wie man sagt, gestaltend einzugreifen, ist ihr wie jedermann unmöglich, und so erhält sie einen eigentümlich freischwebenden Postulatcharakter – das ist der allererste Eindruck, wenn man eine Ausstellung neuer Bilder betritt. Auch ist sie der dämonische, kleine, eifrige Zwerg, dem man in jedem Hause eine Tür offen halten muß.«[74] Die Ersatzverzauberung des Ästhetischen, mit der Gehlen wie Marquard eine sachlich, trivial und einförmig gewordenen Moderne für den Menschen retten wollen, wird diesen Anspruch allerdings nicht erfüllen können. Die Kunst mag in beschränktem Umfang fähig sein – wie es Marquard formuliert –»Herkunft in die Zukunft mitzunehmen«[75], letztlich übersteigt dieser Auftrag aber ihre Möglichkeiten. Denn – so zu Recht Rüdiger Altmann:»Die haltende und haftende Kraft der Kultur und ihrer Institutionen ist dahin, und auch die unleugbare Intensität des Kulturlebens kann nicht darüber hinwegtäuschen, daß das Zusammenspiel ihrer Formen zu einem Stil der Gesellschaft Vergangenheit ist.«[76] Die Kunst bildet in einem erheblichen Umfange die Desintegration der Gesellschaft ab, so daß sie als Kompensation dazu nur begrenzt tauglich ist. Sie mag einer Gesellschaft als Fieberthermometer dienen, utopische Potentiale transportieren und der individuellen Entlastung dienen, als konservatives Widerlager erreicht sie zu wenige.

Zurück zu den Anfängen

Nicht Kompensation, nicht Palliative können die gesellschaftlichen Fliehkräfte bändigen, die Veränderungsgeschwindigkeit selbst muß vermindert werden. Es ist notwendig, durch konservative Widerlager zur Modernisierung den Kulturschock abzumildern und Gewöhnungsprozesse möglich zu machen. Da Belastungen durch Traditionsverschleiß zu den zwangsläufigen kulturellen Nebenfolgen des Fortschritts gehören, ist der schonende Umgang mit Traditionen die vornehmste konservative Aufgabe. Dahinter steht die Einsicht, daß der Dynamik sozialer und kultureller Entwicklungen die Geschwindigkeit entspricht, mit der heute Traditionen veralten, ja bisweilen veralten Traditionen sogar rascher als sich neue bilden lassen. Da unsere individuellen wie institutionellen Kapazitäten zur Verarbeitung von Innovationen begrenzt sind, ist eine Verlangsamung des innovativen Prozesses notwendig. Es muß ihm sein Automatismus genommen, er muß zivilisiert und gesellschaftlich integriert werden. Problemlösungskompetenz muß in die Gesellschaft zurückgegeben, das heißt entstaatlicht werden. Dies ist die Aufgabe einer Partei mit konservativen Wurzeln, eine Aufgabe, die einer der frühen Konservativen, George Savile, Marquess of Halifax, genannt der Trimmer, wie folgt formuliert hat: »Das unschuldige Wort Trimmer heißt nichts anders als dies, daß, wenn Männer zusammen in einem Boot sind, und der eine Teil der Besatzung das Boot auf der einen Seite niederdrückt und der andere Teil der Besatzung es auf der entgegengesetzten Seite niederdrückt, es zuweilen eine dritte Gruppe gibt, die der Meinung ist, es wäre das beste, wenn das Boot gleichmäßig ginge, ohne die Passagiere zu gefährden.«[77] Es ist die Aufgabe eines modernen Konservativismus, das Boot im Gleichgewicht zu halten, die Fahrt zu verlangsamen, ohne den Kurs zu ändern. Die Marktwirtschaft hat sich weltweit als die einzige Form rationalen Wirtschaftens erwiesen. Alle zentralen Steuerungsmechanismen haben als Mittel zur Wohlstandsmehrung versagt. Dennoch wohnen der Marktwirtschaft zerstörerische Elemente inne, die von einer konservativen Politik erkannt, thematisiert und gebändigt werden müssen. Wie das Kanal- und Schleusensystem im alten Venedig die Stadt vor Überflutung bewahrte und die Lagune reinigte, ohne daß dieser Prozeß zentral gesteuert wurde, so muß konservative Politik die Entfesselung der Produktivkräfte in einem staatlichen Regel- und Rahmenwerk kanalisieren, um den Vorrang der Gesellschaft vor der Ökonomie im Wege der Selbstregulierung sicherzustellen. Was Burke und die konservativen Whigs für den Erhalt der Gesellschaft überlegten, um die Aufklärung vor ihrer Selbstzerstörung zu bewahren, muß heute im Interesse der Erhaltung der natürlichen Lebensgrundlagen des Menschen geschehen. Wir können nicht aus der Moderne aussteigen, aber wir müssen uns wieder der verschütteten Ansätze zu einer gleichgewichtigen Entwicklung erinnern. Dazu gehört auch die Reflexion über die sinnvolle Größe gesellschaftlicher Einheiten. Halifax, Burke, Ferguson und Tocqueville, aber auch Gentz haben dieses Problem gesehen. Diese abgebrochene Denktradition muß wiederbelebt werden. Der Begriff des Gleichgewichts, ein Begriff aus der Newtonschen Mechanik, war ein Zentralbegriff Burkeschen Denkens. Zu Beginn des 19. Jahrhunderts versuchte Coleridge, seinen konservativen Gesellschaftsentwurf auf ein Gleichgewicht zwischen den vorwärtsdrängenden und den haltenden Kräften zu gründen,[78] und wenn dieses Gleichgewicht gestört werde – so hat Gentz es formuliert – müsse man die zurückgedrängte Tendenz bis zum äußersten gegen den Zeitgeist stärken.[79] Überschaubarkeit, Gleichgewicht, Subsidiarität sind konservative Widerlager gegen eine »auf ganzer Breite mobilgemachte Aufklärungstradition«.[80] Nachdem die linken Zukunftshoffnungen einer befriedeten Gesellschaft in den Weiten Rußlands verschollen sind und der westliche Marxismus sich in die dünne Luft des herrschaftsfreien Diskurses geflüchtet hat, ist es Zeit, sich auf die konservative Aufklärungstradition zu besinnen, die so lange im Schatten ihrer linken Schwester gestanden hat.

Zu Evolution und Gradualismus gibt es keine sinnvolle Alternative. In einem Leitartikel des »Independent« war unter der Überschrift »Die Rückkehr von Edmund Burke« kürzlich folgendes zu lesen:
»› Lest Edmund Burke – Der größte der Tories, Edmund Burke, gemahnt uns an unsere Pflichten als Treuhänder der Nation, als gute Verwalter ihrer Tradition, ihrer Werte und Reichtümer ‹ – Mit diesem Rat rügte Umweltminister Christopher Patten gestern einen Gefolgsmann Margaret Thatchers, der die Konservative Partei gedrängt hatte, mehr Vertrauen in den Markt zu setzen. Der Anhänger Margaret Thatchers hielt es für falsch, daß der Umweltminister gegen den Bau einer neuen Stadt bei Foxley Wood in Hampshire sei. Doch die Mehr-

heit des Parteitags unterstützte Minister Patten. Sein Vorgänger Nicholas Ridley (!) hatte den Bau von Foxley Wood begünstigt, seine Haltung gegenüber der Umwelt war jedoch so unpopulär, daß er in ein anderes Ressort abgeschoben wurde.«[81] Auch in England ist – das beweist der Sturz Margaret Thatchers – jener ausschließlich marktorientierte Konservativismus auf dem Rückzug, der – um mit Coleridge zu sprechen – die Kohle unter dem Tempel von Ephesus (oder Schloß Cappenberg?) ausgraben würde, um sie als Brennstoff für Dampfmaschinen zu benutzen.[82]

Was heißt konservativ heute?

Auf der Tagesordnung unserer Notwendigkeiten steht nicht eine kompensatorisch befriedete Moderne oder die Ermäßigung der Demokratie, sondern eine neue, die frühe Aufklärungstradition einbeziehende Begrifflichkeit. Statt zu versuchen, an Traditionen anzuknüpfen, die sich längst aufgelöst haben, ist es notwendig, die zivilisatorische Entwicklungsdynamik so zu ermäßigen, daß Traditionen und Lebenswelten nur noch in dem Umfang altern wie neue aufgebaut werden können. Konkrete Gegenbilder in unserer durchrationalisierten Welt sind leicht zu finden, doch schwer in Handlungsanleitungen zu übersetzen. Venedig, die toskanische Landschaft, ein viktorianisches Seebad oder ein englischer Landschaftspark sind solche Gegenbilder. Sie stammen aus der alten europäischen Welt. Sie sind museal, Inseln, Gehäuse ohne gesellschaftlichen Inhalt. Sie wirken wie eine rückwärtsgewandte ästhetische Utopie. Doch aus solchen Gegenbildern lassen sich konkrete Schlußfolgerungen ziehen: Zum Beispiel keine Städtebaupolitik à la Neue Heimat, keine Flurbereinigung à la Kaiserstuhl und keine Bildungspolitik als soziale Einübung ohne Rückbezug auf klassische Traditionen. Unser europäisches Erbe verpflichtet uns zu Maß und Mitte, zu Vielgestaltigkeit und Dezentralisation, zu Individualität und Übersichtlichkeit. Wir können weder Japan noch den Vereinigten Staaten mit deren Mitteln Konkurrenz machen, ohne das typisch Europäische zu zerstören. Konservative Politik muß die Seelen- und Kulturlandschaft Europas respektieren und bewahren und zu diesem Zweck eine Ethik der Beschränkung entwickeln. »Alle Regungen, ja alle menschlichen Freuden und Genüsse, jede Tugend und jede kluge Handlung ist auf einen Kompromiß, eine Balance gegründet. Wir wägen Schwierigkeiten und Unannehmlichkeiten ab, wir nehmen und geben, wir nehmen einige Rechte nicht in Anspruch, damit wir uns anderer erfreuen können, und wir wollen lieber glückliche Bürger sein als spitzfindige Disputanten.«[83] Es muß Aufgabe eines konstruktiven Konservativismus sein, gefährdeten Traditionen und Lebenswelten den Weg in die demokratische Artikulation zu eröffnen. Die Erfolge der Republikaner haben deutlich gemacht, daß sie dabei sind, in den Untergrund des Irrationalen abgedrängt zu werden.

So müssen Konservative begreifen, daß der Gemeinsame Markt nur dann ein wirtschaftlicher wie gesellschaftspolitischer Erfolg werden kann, wenn zugleich Gemeinden, Länder und Regionen als überschaubare kulturelle Einheiten gestärkt werden, denn »lokale Freiheiten also, die das ständige Bestreben der Bürger wecken, die Liebe ihrer Nachbarn und Nächsten zu erwerben, führen die Menschen zur Gemeinschaft und zwingen sie ständig, trotz der Neigungen, die sie trennen, sich gegenseitig zu helfen«.[84] Die Whig-Philosophie des 18. und beginnenden 19. Jahrhunderts bestand auf Gemeindefreiheit und kommunaler Selbstverwaltung als einer Gegenposition zur Idee der ungeteilten Volkssouveränität. Heute ist die Dezentralisierung ein konservatives Widerlager zu einer Gesellschaft, die von Zentralismus, Großorganisation, industrieller Modernisierung und Zerstörung alter Bindungen geprägt ist. Gerade der Föderalismus ist in den letzten Jahren zwar häufig in Festreden beschworen, praktisch aber kontinuierlich ausgehöhlt worden. Die Hauptstädte der Länder haben sich nicht zu geistigen Zentren der Bundesrepublik entwickelt, vielmehr sind Regionen wie das Rhein-Main-Gebiet, der mittlere Nekkarraum oder die Rhein-Ruhr-Region entstanden, die politischer Symbolik nicht zugänglich sind. Die Länder sind in der Gefahr, ihre territoriale und damit ihre kulturelle Bedeutung einzubüßen und nur noch als Teil der vertikalen Gewaltenteilung, als technisches Funktionsstück des Systems von checks und balances angesehen zu werden. Die Formel von der Einheitlichkeit der Lebensverhältnisse hat zu einer weitgehenden Nivellierung und damit zu geringerer Wahrnehmbarkeit der Länder geführt. Was in der kleinen Schweiz, in Kanada und in den Vereinigten Staaten akzeptiert wird, ist in der Bundesrepublik keineswegs ausgeprägt, nämlich das Bewußtsein, daß die »sachliche Unitarisierung« nicht nur einen Verlust an Kompetenzen, sondern auch an Vielgestaltigkeit und Farbigkeit mit sich bringt. »Die Vereinheitlichung der Lebensformen, die Standardisierung von Produktion und Konsum, die Effizienz und Schnelligkeit moderner Kommunikationsmittel, die gleichmäßiger gewordenen Ansprüche an Bildungsservice und sozialstaatliches Netz, kurz die Uniformität moderner Gesellschaften – das alles ist dem Föderalismus, seinem Aufbau in Schichten und Gliederungen, seinem komplizierten Geäst und Geflecht in der Tat nicht günstig.«[85] Die Länder können aber nur dann im Bewußtsein ihrer Bürger präsent bleiben, wenn sie eine Mindestkompetenz, das heißt einen im öffentlichen Bewußtsein verankerten Kern eigener Aufgaben und die dazu gehörende Finanzautonomie behalten. Je enger Europa zusammenwächst, je mehr Entscheidungen von Brüssel aus getroffen werden, umso wichtiger werden Bundesländer, deren Überschaubarkeit ihren Bürgern Geborgenheit in einer von Dynamisierung und Mobilisierung geprägten Welt geben. Der Föderalismus ist ein konservatives Widerlager gegen Globalisierungstendenzen. Länder und Regionen tragen dazu bei, jene »Entzweiung von Herkunft und Zukunft« zu mildern, die eine zunehmende Wandlungsbeschleunigung den Menschen als psychische Last aufbürdet. Die Vertrautheit der landsmannschaftlich geprägten Territorien erleichtert Gewöhnungsprozesse und kompensiert »änderungsbedingten kulturellen Vertrautheitsschwund«.[86] Dies war bereits eine Funktion der kleinen Residenzen im 18. und 19. Jahrhundert. Davon sprechen nicht nur Goethes Weimar und der Klassizismus Münchens. Barock und Musik in Dresden, das Theater von Meiningen, die Bibliothek Wolfenbüttels, das landschaftliche Arkadien eines Dessauer Fürsten in Wörlitz, Mannheims Bedeutung für die musikalische Vorklassik und Darmstadts Mathildenhöhe stehen für den Reiz geistiger und kultureller Vielfalt der deutschen Staaten in der Vergangenheit. Doch die machtpolitische Basis dieser Vielfalt war schon im 18. und 19. Jahrhundert brüchig. Ein wenig erinnern diese Länder und Höfe alle an die verträumte Welt von Thomas Manns »Königlicher Hoheit«. Ihre Fürsten waren schon vor der Reichsgründung in der Situation des regierenden Bruders von Klaus Heinrich, der einmal bitter gegenüber seiner Schwester bemerkt: »Ich winke und der Zug geht ab. Aber er ginge auch ohne mich ab, und daß ich winke, ist nichts als Affentheater.«[87] Der deutsche Föderalismus kann seine gesellschaftlich integrierende Funktion nur dann erfüllen, wenn die innerstaatliche Machtbalance sein Wirken nicht als »Affentheater« ausweist.

Die im deutschen Föderalismus aufblitzende Vision von der klassenlosen Bürgergesellschaft bleibt für den Konservativen allerdings vorerst auf den Nationalstaat bezogen und ist keine Rechtfertigung für die Utopie einer multikulturellen Gesellschaft, mit der eine linke Aufklärungstradition Toleranz durchzusetzen versucht. »Aufgeklärte Reaktionen sind nichts, was sich den Betroffenen einbleuen ließe«[88], schreibt Joachim Fest und mahnt umsichtiges Zögern auf dem Weg in eine multikulturelle Gesellschaft an. Es mag der statistischen Wahrheit entsprechen, daß Deutschland inzwischen ein Einwanderungsland geworden ist, dem Lebensgefühl der Menschen entspricht es nicht. Während die kulturelle Integration der westeuropäischen Wanderungsbewegung vor dem Hintergrund der europäischen Einigung weitgehend gelungen ist, ist eine Akzeptanz fremder, mehr noch außereuropäischer Kulturen in unserem Land nicht ausgeprägt. Sie ist durch volkspädagogische Bemühungen in den letzten Jahren nicht verbessert worden. Im Gegenteil: Wahlrecht und unbeschränkte Aufnahmebereitschaft erhöhen die Abwehrreaktionen und vermindern die gesellschaftliche Toleranz. Es wächst die Angst vor Fremdbestimmung in einzelnen Lebensbereichen. Nicht wirtschaftliche Notwendigkeiten, sondern ausschließlich die kulturelle Resorptionsfähigkeit der Bundesrepublik darf künftig der Maßstab für die Zuwanderung ausländischer Arbeitskräfte sein. Denn Fremdheit entsteht nicht nur durch die kulturellen Auswirkungen eines beschleunigten Wandels der materiellen Lebensbedingungen,

Fremdheit entsteht auch durch eine nicht verkraftete Änderung in der Bevölkerungszusammensetzung selbst. Modernisierungsverlierer gibt es in den verschiedensten gesellschaftlichen Bereichen. Emanzipation und Individualisierung sind mit Verlusten einhergegangen: das ungeborene Leben, Kinder, die Familie. Diese Gruppen dürfen nicht erneut Verlierer eines weiteren Modernisierungsschubs werden. Staat und Gesellschaft sind hier besonders in der Steuerpolitik und im Wohnungsbau gefordert. Nicht der Glaubensstreit um den strafrechtlichen Schutz des ungeborenen Lebens vermindert die Abtreibungszahlen, sondern – wenn überhaupt – in ausreichendem Maße zur Verfügung gestellter preiswerter Wohnraum und eine familienfreundliche Steuerpolitik. Auch der gesellschaftliche Stellenwert der Landwirtschaft muß neu bestimmt werden. Alle politischen Kräfte in der Bundesrepublik haben zu lange an der Illusion festgehalten, daß die deutschen Bauern im Rahmen der EG das notwendige Einkommen aus der Nahrungsmittelproduktion erwirtschaften können. Dies wird in Zukunft immer weniger der Fall sein. Die neue und viel wichtigere Aufgabe ist die Erhaltung der den Menschen vertrauten deutschen Kulturlandschaft. Hierfür müssen die Bauern eine »Entlohnung« aus dem Volkseinkommen beziehen, die der Bedeutung dieser kultur-konservativen Aufgabe angemessen ist.

Der Wandel in der Landwirtschaft, Freizeit und Mobilität haben die uns vertraute Umelt in einer Weise verändert, die von den Menschen immer schwerer verkraftet wird. Die Graffitikultur in unseren Städten ist ein Ausdruck ohnmächtigen Protests gegen die Auflösung der Stadt in durchgrünte Büro-, Einkaufs- und Wohnsiedlungen. Was als fortschrittliches und funktionsgerechtes Bauen begann, hat mit Reißbrettmentalität und Kastenbauweise in vielen Fällen die Urbanität im politischen, gesellschaftlichen und kulturell-zivilisatorischen Sinne zerstört. Die Stadt unterscheidet sich kaum noch vom Land. Statt Mannigfaltigkeit und Vielgestaltigkeit herrscht Einförmigkeit. In diesem Zusammenhang geht es nicht um saubere Luft und sauberes Wasser – dies ist ein Problem der Gesundheitsfürsorge –, sondern um den Erhalt kultureller Vertrautheit. Stadt und Landschaft müssen als Kulturraum, in dem sich Geschichte erfahren läßt, bewahrt werden. Wolf Jobst Siedler hat schon in den frühen 60er Jahren diese konservative Position in der Stadt- und Landschaftsplanung formuliert.[89] Die Zerstörung historischer Bausubstanz, die Zweckentfremdung von Plätzen, die Durchsetzung der verkehrsgerechten Stadt sowie der Rückzug des Baumes und seine Ersetzung durch kleinwüchsiges »Straßenbegleitgrün« symbolisieren jene kulturellen Verluste, die ein falsches Fortschrittsdenken verursacht hat. Dabei ist Stadtfeindschaft historisch ein Produkt der völkischen Reaktion, während die konservative Gedankenwelt von Burke bis Gentz, von Stahl bis zu Tocqueville ein Erzeugnis urbaner Weltläufigkeit war. Was die Entballung in der Stadt ist die Ausräumung der Landschaft als Folge einer industriellen Agrarproduktion auf dem Lande. Hecken, Bachraine und Bäume sind der Mechanisierung zum Opfer gefallen. Auch hier ist das Verschwinden des die Generationen überdauernden Baumes Symbol für den Verlust der historischen wie kulturellen Dimension unserer Landschaften. Burke war sich dieser Symbolik bewußt, als er an den Herzog von Richmond schrieb: »Sie, als

Vertreter großer Familien und vererbter Vertrauensstellungen, sind in einer anderen Lage als Leute wie ich. Was immer wir auch sein mögen zufolge unseres raschen Wachstums und der Früchte, die wir hervorbringen und auf die wir stolz sind, so kriechen wir doch auf dem Boden, um zu Melonen zu werden, die zwar vorzüglich sind nach Größe und Geschmack, aber einjährige Gewächse, die nach unserer Zeit zugrunde gehen. Sie aber, wenn Sie tatsächlich dem entsprechen, was Sie sein sollen, gleichen den hohen Eichen, die dem Lande Schatten spenden, und Sie verleihen Ihren guten Taten Dauer von Generation zu Generation.«[90] Burke gehorchte zu allererst einem romantischen Impuls. Er liebte das Altehrwürdige, das durch die Tradition Geheiligte, das seit Generationen stetig Gewachsene: die großen aristokratischen Familien, die alten Landhäuser, die britische Verfassung mit ihren Ungereimtheiten, die alten Freiheiten der amerikanischen Kolonisten, die indischen Religionen und Bräuche. Pink Floyd auf dem Markusplatz, die Zerstörung des Altmühltals und das Sterben der Adria wären ihm Beispiele einer fehlgeleiteten Modernisierung durch »jene Sophisten, Ökonomisten und Rechenmeister, die die Schönheiten der Erde in Mark und Pfennig ummünzen«.

Es geht heute nicht darum, das Projekt der Moderne den Baustellen der Postmoderne entgegenzustellen, es geht um die Humanisierung eines Prozesses und seine Anpassung an die individuellen und konstitutionellen Kapazitäten des Menschen. Nicht das Vorantreiben einer radikalen Demokratisierung durch eine neue Kulturrevolution oder die Hinwendung zur vorindustriellen Idylle, sondern eine skeptische Rationalität aus dem Geiste der

Aufklärung ist hier gefordert. Nicht ein entweder-oder, sondern das pluralistische sowohl-als-auch entspricht dieser Denktradition. Golo Mann hat einmal in einem Essay zu Max Weber kritisch angemerkt, »daß Max Weber mit gewaltigem Charakter und Verstand, aber nicht mit einem eigentlich schöpferischen Geist gesegnet war. Darum zerfiel ihm die Wirklichkeit allerorten; in kämpfende Machtstaaten und Klassen; in Verwaltung und Politik; Masse und Führer; in Wissenschaft und Prophetie; in unlösbare ethische Antinomien«.[91] Dies ist auch das Problem eines zeitgemäßen Konservativismus. De Maistre und Bonald, Gentz und Adam Müller, aber auch Burke und Tocqueville hatten Gegenbilder: die Revolutionen von 1789 und 1848, die jakobinische Form und den Aufstand der Massen. Sie erlaubten Identifizierungen und Schwarz-Weiß-Malerei. Die Probleme der Industriegesellschaften dagegen sind zu komplex für anschauliche Gegenentwürfe und einfache Lösungen. Schon deshalb lohnt es sich, Rat bei einem Denken zu suchen, das die aristokratischen Agrargesellschaften Englands und Amerikas bruchlos in demokratische Industriegesellschaften verwandelte. Der Konservativismus ist nicht eine fest umrissene, genau identifizierte und längst abgeschlossene sozial- und geistesgeschichtliche Erscheinung,[92] sondern eine Lebensnotwendigkeit für eine gleichgewichtige, das Humane achtende gesellschaftliche Entwicklung. Das Konservative ist nicht ein Hängen an dem, was gestern war, sondern ein Leben aus dem, was immer gilt.[93]

Parlament, Parteien, politische Klasse und öffentliche Meinung aus konservativer Sicht

Während es verhältnismäßig leicht fällt, konservative Positionen in der Gesellschafts- und Umweltpolitik zu formulieren, ist dies für den politischen Entscheidungsprozeß selbst schwierig. Zu sehr unterscheiden sich die Bedingungen demokratischer Politik von den Entscheidungsmechanismen im England des ausgehenden 18. und beginnenden 19. Jahrhunderts. Dennoch gibt es einige Entwicklungen, die als Verformungen des demokratischen Prozesses und Verfall der politischen Kultur konservativer Kritik zugänglich sind. Denn »Burkes Botschaft ist auch eine Botschaft des Kampfes gegen alle korrumpierenden Einflüsse auf die Politik. Wenn Edmund Burke heute unter uns weilte, so würde er manches bewundern, doch vieles tadeln. Unser Rechtsstaat würde seine Zustimmung finden, unsere Regelungswut zur Verwirklichung einer abstrakten Gleichheit würde ihn befremden. Frauenquote und Ladenschlußzeiten würden ihn amüsieren, unsere Zerstörung der Umwelt durch immer neue Produktionszuwächse, der Massentourismus und das Auto würden ihn mit Trauer erfüllen. Er würde unseren Hedonismus beklagen, der neues Leben als Beschwer empfindet. Doch seinen ganzen Zorn würde er gegen die Korruption der Politik durch die Medien richten. Er würde die Politik als eine Kunst des Handelns und Gestaltens vermissen und die Scheinwelt der Darstellungskunst als eine Gefahr für unsere freiheitliche Verfassung erkennen. Er würde sich nicht damit abfinden, daß an die Stelle der von ihm beschriebenen Realität politischer Entscheidungen die Pseudorealität der Bilder getreten ist. Er würde das Ethos einer freien Presse anmahnen und Rundfunk und Fernsehen dem Einfluß der Politik zu entziehen suchen. Zynismus und Heuchelei würde Edmund Burke auch in unserer Zeit erkennen; ob er dagegen Verbündete wie Rockingham und Fox in unserer politischen Klasse finden würde, ist eine Frage, die wir besser unbeantwortet lassen.«

Diese Schlußsätze meines Burke-Essays[94] deuten die Kritikpunkte bereits an. Die Whig-Philosophie ist eine Philosophie der vorsichtigen Anpassung der Staatsmaschinerie an geänderte gesellschaftliche Bedürfnisse. Politisches Handeln folgt den Veränderungen nach, es leitet sie nicht ein. Es ist darauf ausgerichtet, Staat und Verfassung in ein harmonisches Verhältnis zu den Veränderungen der bürgerlichen Gesellschaft zu bringen und zugleich deren Mannigfaltigkeit zu bewahren. Die Einheitlichkeit der Lebensverhältnisse war nicht Ziel des politischen Handelns, wie ihm überhaupt alle Egalisierungstendenzen fern lagen. Die jakobinische Levée en masse hatte den Whigs die Notwendigkeit des Erhalts von Institutionen und Korportationen vor Augen geführt. Zwar hielten sie im Grundsatz an der »Vereinheitlichung der institutionellen Bedingungen, die auf Freiheit und Vielfalt der Einzelnen zielen, fest«,[95] doch betrachteten sie die Aristokratie, die großen Interessen, Gewaltenteilung, Selbstverwaltung und Gemeindefreiheit als notwendige Kompensationen, als stabilisierende Gegengewichte im gesellschaftlichen Modernisierungsprozeß. Dieser Pro-

zeß sollte sich selbst überlassen bleiben, und nur die Gefahr gewaltsamer Veränderungen rechtfertigte tiefere Eingriffe in dieses autonome Regelwerk. Whiggismus ist das Management des Konsens, wobei alte Formen sich mit neuen gesellschaftlichen Inhalten füllen können. Nicht soziale Gerechtigkeit für jeden Einzelnen, sondern eine angemessene Repräsentation der großen gesellschaftlichen Interessen ist das Ziel dieses konservativen Reformismus. Denn eine Gesellschaft besteht nicht aus vielen unverbundenen Einzelnen, sondern aus Institutionen und Korporationen, die nach den Prinzip der Subsidiarität dem Einzelnen ein menschenwürdiges Dasein garantieren und damit den Staat von dieser Aufgabe entlasten.[96] Was immer daraus an Defiziten für die soziale Gerechtigkeit folgt, der politischen Kultur dient diese Selbstbeschränkung der Politik. Sie verhindert den öffentlichen Diskurs über gesellschaftliche und politische »Nichtfragen«, wie ihn das demokratische Medienzeitalter hervorgebracht hat. Den immer neuen Ansprüchen an einen überforderten Verteilungsstaat korrespondiert der Leerlauf des politischen Betriebs, mit dem eine überforderte politische Klasse diese Ansprüche abzuwehren versucht. Eine handlungsorientierte politische Klasse wird durch eine darstellungsorientierte abgelöst. Helmut Herles hat diesen ermüdenden Kreislauf mit den Worten beschrieben: »Journalisten halten Politikern Mikrophone hin. Diese antworten immer, auch wenn sie nichts zu sagen haben. Dann schreiben und senden Journalisten das Ganze, worauf wieder andere Politiker glauben, darauf reagieren zu müssen. Dann beginnt das Spiel von vorn.«[97]
Der Verfall der politischen Kultur ist auch und zuerst ein

Verfall der politischen Klasse der Bundesrepublik. Die Generation der Adenauer, Heuß, Dehler, Guttenberg und Wehner wurde von der Generation der auswechselbaren politischen Angestellten beerbt, die sich mediengerecht ins Bild setzen können. Prototypisch für diesen Politikertyp ist Jürgen Möllemann, dessen unaufhaltsamer Aufstieg den Triumph der Durchsetzungsfähigkeit über die Sachgerechtigkeit bedeutet. Daß Möllemanns politischer Ziehvater Hans-Dietrich Genscher heißt, ist nur konsequent. Denn ungeachtet aller Leistungen im deutschen Einigungsprozeß ist die Außenpolitik Genschers ein Paradebeispiel darstellungsorientierten Politikbetriebes. Die Sprachlosigkeit dieses Betriebes in der ersten Woche des Golfkrieges ist dafür Beweis genug. Als außenpolitische Führung gefordert war, versagte der Stimmungsrepräsentant Genscher und überließ die Medien den Kriegsereignissen, dem französischen Präsidenten und dem britischen Premierminister. 80 Millionen Deutsche schrumpften auf luxemburgische Größe, und unsere classe politique formulierte ebenso mediengerecht wie entlarvend: »sprachloses Entsetzen«.

Ach, wenn sie doch geschwiegen hätten, statt noch der Sprachlosigkeit einen Nachrichtenwert zu geben.

»Die Politikerklasse« – so Baudrillard – »hat virtuell keinen spezifischen Charakter mehr. Ihr Element ist nicht mehr Entscheidung und Handlung, sondern das Videospiel. Es ist nicht mehr wichtig, repräsentativ zu sein, sondern angeschlossen und ›auf Sendung‹ zu sein. Und genau darum bemühen sich die ›Politiker‹ verzweifelt: Ihre Intervention beschränkt sich mehr und mehr auf die Berechnung der Spezialeffekte, der Beleuchtung und der gelungenen Selbstdarstellung. ... Dadurch verlieren sie ihre politische Aura im eigentlichen Sinne und können vielleicht sogar im Mediendenken der Massen durch Vertreter des Show-Geschäfts oder des Sports ersetzt werden, das heißt durch echte Profis, durch Leute, die viel professionalistischer sind als sie und deren Verhältnis zur Technik viel weiter entwickelt ist als das ihre.«[98] Da diese Professionalität teuer ist, haben sich große Apparate um die Politik gelegt, die das gesellschaftliche Leben zu beherrschen suchen, und die die konservative Unterscheidung von Staat und Gesellschaft aufheben. Die Parteiapparate durchdringen Medien, Beamtenschaft und Richterschaft, um bereits im gesellschaftlichen Vorfeld politischer Entscheidungen die richtigen Bilder zu stellen. Konservatives Denken muß daher auf die parteipolitische Unabhängigkeit dieser Institutionen drängen und die Parteien auf die Teilhabe an der politischen Willensbildung beschränken. Die Verstopfung der Parlamente mit Funktionären, der Rückzug der selbständigen Berufe aus der Politik und die parteipolitische Durchdringung aller Lebensbereiche schwächt die Legitimation des demokratischen Staates. Obwohl es keine Rückkehr zum Gentleman- und Honoratiorenparlament des 19. Jahrhunderts geben kann, muß der Einfluß der Apparate zurückgedrängt und die selbständige und selbstverantwortliche Persönlichkeit wieder das Ideal der politischen Klasse werden. Edmund Burke hat in seiner berühmt gewordenen Rede als Kandidat an seine Wähler von Bristol im Jahre 1774 dieses Ideal für alle Zeiten gültig formuliert: »Das Parlament ist nicht ein Botschafterkongreß mit verschiedenen, sich feindlich gegenüberstehenden Interessen, die jeder als Agent oder Advokat gegen andere Agenten oder Advokaten vertreten muß; das

Parlament ist die beratende Versammlung einer Nation mit einem Interesse, nämlich dem des Ganzen, wo nicht lokale Ziele, nicht lokale Vorurteile die Richtung bestimmen sollten, sondern das allgemeine Beste, das sich aus dem Gesamtinteresse ableitet. Sie wählen einen Kandidaten, aber wenn sie ihn gewählt haben, dann ist er nicht ein Mitglied für Bristol, sondern ein Mitglied des Parlaments. Und wenn seine lokalen Wähler ein Interesse haben oder sich eine übereilte Meinung bilden sollten, die offensichtlich im Gegensatz zum allgemeinen Besten der übrigen Gemeinschaft steht, so sollte der Abgeordnete für diesen Wahlkreis so weit wie jeder andere von dem Bestreben entfernt sein, dies durchzusetzen.«[99]

Das Ideal des konservativen Staatsmannes
– Lord Melbourne (1779 – 1848)

Wir leben in einer Zeit des Übergangs. Die parteipolitischen Strukturen verändern sich. Alte Parteien treten von der Bühne ab, neue politische Kräfte formieren sich und repräsentieren neue Wertbegriffe. Parteien sind Ausdruck gesellschaftlicher Kräfteverhältnisse und gesellschaftspolitischer Wertvorstellungen. Wenn sie ihre Aufgabe erfüllt haben und in einer sich wandelnden Welt keine neuen Aufgaben finden, verschwinden sie. Neue gesellschaftliche Kräfte drängen nach vorn, ohne daß schon deutlich ist, ob ihre Wertvorstellungen von Dauer sein werden.

Eine solche Zeit des Übergangs benötigt geistige wie politische Führung, gerade weil sie zu einer durchgreifenden inneren Erneuerung noch nicht fähig ist. Es herrscht ein gesellschaftspolitischer Schwebezustand, der das neue gesellschaftliche Kräftegleichgewicht noch nicht erkennen läßt. Geistige Führung in einer solchen Zeit hat mehrere Möglichkeiten: Die eine weist den Weg zur kraftvollen Innovation der politischen Institutionen wie der sie tragenden Wertvorstellungen. Eine solche Reformhaltung setzt die Überzeugung von der Richtigkeit bestimmter Ziele voraus. Eine zweite Möglichkeit ist die bewußte Abwehr eben dieser Erneuerung und das Festhalten am Tradierten, aus der Einsicht heraus, daß dieses das richtige ist.

Es gibt jedoch noch eine dritte Möglichkeit politischen

Handelns. Sie besteht im Festhalten am Bestehenden, verbunden mit einer großen Toleranz gegenüber dem Neuen. Sie versucht, eine Polarisierung der Gesellschaft zu vermeiden in der Überzeugung, daß das Tradierte zwar noch immer das bessere ist, daß es aber zunehmend an Legitimation verliert und daher neue Überzeugungen ernst genommen werden müssen.

Man könnte diese Haltung auch als konservativen Reformismus bezeichnen. Politisches Handeln in Übergangszeiten ist immer noch und zuerst eine Frage der handelnden Persönlichkeiten. Sie bestimmen das geistige Klima, in dem sich gesellschaftliche Veränderungen vollziehen oder auch abgebrochen werden. Ein Rückblick auf andere Übergangszeiten mit ganz ähnlichen Problemen kann helfen, Maßstäbe für politisches Handeln heute zu finden.

Der Übergang vom 18. ins 19. Jahrhundert, von der aristokratischen Vorherrschaft zum bürgerlich-viktorianischen Zeitalter vollzog sich in England in den ersten 30 Jahren des 19. Jahrhunderts. Dieser Übergang ging einher mit dem Zerfall der traditionellen Whig-Partei, die zu einem bestimmten Zeitpunkt ihre historische Aufgabe erfüllt hatte und deshalb anderen politischen Strömungen Platz machen mußte. Die Whigs waren im 18. Jahrhundert eine kuriose Mischung von freiheitsliebenden Aristokraten und konservativen Grundbesitzern, deren Selbstsicherheit aus der Überzeugung herrührte, daß ihre materielle Basis sicher und das Land ohne sie nicht zu regieren sei. Ihre politischen Prinzipien brachte Lord Grey im Jahre 1817 auf die Formel »das Parteiprinzip, das die Whigs auszeichnet, ist das Prinzip der Mäßigung und der Freiheit in Religion und Regierung, vollständige Toleranz oder besser, die Zurückweisung aller Intoleranz. Kurz: Keine Ungleichheit, die sich nicht zwingend aus der Notwendigkeit der Staatssicherheit ergibt.« Die Whigs waren daher die Partei der katholischen Emanzipation, der religiösen Gleichberechtigung der Dissenter, sie waren die Partei der freien Rede und der freien Presse. Die Whigs glaubten an geordnete Freiheit, niedrige Steuern und wenig Staat. Sie standen gegen Despotismus und Demokratie. Ihr freiheitliches Credo hatte jedoch kein Pendant in einem sozialen Gewissen.

Die Probleme des Industriezeitalters waren den Besitzern riesiger Ländereien fremd. Sie verstanden die Gesetze der Volkswirtschaft nicht, und sie interessierten sich auch nicht dafür. Dennoch war keine Gesellschaft dem Renaissanceideal der vollkommenen Persönlichkeit so nahe wie die Whig-Aristokratie der letzten 60 Jahre vor der Wahlrechtsreform. Von ihrem großen Idol Fox hatten sie die Freiheitsliebe, die Warmherzigkeit und die gelassene Natürlichkeit. Sie waren spontan und rückhaltlos offen, sie zeigten ihre Gefühle, sie liebten die Natur und die Menschen, und ihre großen Landhäuser waren Orte einer informellen und lauten Fröhlichkeit. Erzogen ohne Pedanterie, gelassen und doch nicht nachlässig, gebildet, aber nicht affektiert, waren sie auf natürliche Weise zivilisiert. Und als das 19. Jahrhundert anbrach, gehörte die Whig-Aristokratie für einen kurzen glücklichen Moment zwei Welten an: Die klare rationale Welt des 18. Jahrhunderts wurde in das weiche Licht einer romantischen Morgendämmerung getaucht.»Vielleicht«, schreibt George Trevelyan,»hat sich keine Gesellschaft von Männern und Frauen seit Erschaffung der Welt so vieler verschiedener Seiten des Lebens mit so großer Begeisterung erfreut, wie die englische Oberschicht dieser Zeit.«[100] Und Harold Nicolson, selbst ein später Nachfahre dieser Gesellschaft, schrieb: »Es macht mir Freude, daran zu denken, daß es, bevor das Zeitalter der bürgerlichen Wohlanständigkeit anbrach und die Himmel Englands verdunkelte, diesen Kreis von Menschen gab, die wie edles Dammwild in der Sonne glänzten.«[101]

Die Whigs waren Reformer aus Liebe zur Freiheit, obwohl ihre materiellen Interessen sie mehr und mehr auf die Seite der Reaktion trieb. Doch auch die Tories waren zu dieser Zeit innerlich zerrissen. Neben den reaktionären Aristokraten, die eine Art gesellschaftliches Gegenbild der Whigs ohne deren Freiheitsliebe waren, standen die bürgerlichen Reformer, die bereits die Interessen der industriellen Mittelklasse im Auge hatten und für eine ferne Zukunft auch über wohlfahrtsstaatliche Reformen für den vierten Stand nachdachten, Gedanken, die den Whigs fremd waren.

Die Whigs gehörten der Vergangenheit an und waren dennoch eine Partei des Fortschritts. Sie standen für liberale Reformen und wollten den neuen sozialen Kräften der Mittelklasse den Weg zur Machtteilhabe freimachen, ohne daß sie mit diesen Mittelklassen etwas gemein hatten.

Sie gehörten einer anderen Kultur an, aber diese Kultur hatte ihnen Toleranz und die Fähigkeit des Zuhörens gelehrt. Sie wußten im tiefsten Innern ihres Herzens, daß ihre Zeit zu Ende ging, aber sie wollten, anders als die konservativen Aristokraten, selbst die neue Zeit heraufführen. Sie handelten gegen ihre materiellen Interessen, aus Einsicht in die Notwendigkeit, aber auch aus einer rational nicht zu erklärenden Anhänglichkeit an ihren großen Führer Fox, dessen Wirkung auf die englische Politik weit über seinen Tod im Jahre 1806 hinausreichte. Als die Whigs im Jahre 1830 die Regierung übernahmen, war dieses blaublütige Reformkabinett in seiner Zusammensetzung sehr viel aristokratischer, als seine konservativen Vorgänger. Nur ein solches Kabinett konnte ohne einen revolutionären Umsturz die aristokratische Vorherrschaft im Parlament brechen und die außerparlamentarische bürgerliche Opposition in das politische Leben des Landes integrieren. Nachdem diese Aufgabe gelöst war, war der historische Auftrag der Whigs erfüllt, ohne daß es zu ihnen schon eine Alternative gegeben hätte. Das Neue konnte sich entwickeln, aber es hatte sich noch nicht formiert. Die Umwandlung der beiden aristokratischen Klubs der Whigs und Tories in die bürgerlichen Parteien Gladstones und Peels hatte sich noch nicht vollzogen. Dennoch mußte das Land regiert werden, und die neuen Wähler wollten es nicht von einer Partei regiert sehen, die der Wahlrechtsreform so zähen Widerstand entgegengesetzt hatte.

In dieser Situation des Übergangs trat eine Persönlichkeit an die Spitze der Whigs, die selbst in einzigartiger und für das Land idealer Weise diesen politischen Schwebezustand verkörperte und die aufgrund ihrer Veranlagung wie ihrer Fähigkeiten England sicher durch diese schwierige Zeit führte.

William Lamb, nach dem Tode seines Vaters Lord Melbourne, gehörte nicht zu den großen Whig-Familien. Väterlicherseits stammte er aus dem Mittelstand, mütterlicherseits aus der englischen Gentry. Daß er schon als Kind zu Füßen von Fox saß und in den Häusern der Whig-Aristokratie spielte, verdankte er seiner Mutter, die in einer für das 18. Jahrhundert typischen Weise die grande dame mit der politischen Vertrauten führender Männer der Zeit verband. Lady Melbourne wurde von vielen bewundert; zu ihren größten Verehrern gehörte Byron, der ihr manche Verszeile gewidmet hat. Ein anderer ihrer Bewunderer war Lord Egremont, dessen Palast Petworth heute noch von seiner Leidenschaft für Turners Bilder zeugt. Daß Melbourne in seinen späteren Jahren Lord Egremont zum Verwechseln ähnlich sah, ist schon von boshaften Zeitgenossen nicht für zufällig gehalten worden.

In den Kinderzimmern von »Devonshire House« lernte er auch Caroline Ponsonboy kennen, deren Mutter mit den großen Whig-Familien verschwistert und verschwägert war. Die Ehe mit ihr, bald belastet durch Carolines Verhältnis mit Byron, war eine der großen Skandalaffären des prüde werdenden 19. Jahrhunderts. Seine hypersensible, intelligente, aber völlig unbalancierte Frau machte William Lamb zur öffentlichen Figur, noch ehe er eine Persönlichkeit des öffentlichen Lebens wurde. Für den heutigen Betrachter ist diese Beziehung nur deshalb von Bedeutung, weil sich hier bereits Lambs liebenswürdige Schwächen offenbaren, die seine Qualitäten als Parteiführer und Premierminister ausmachen sollten: nachsichtige Toleranz gegenüber allen Verfehlungen verbunden mit einem Mangel an Leidenschaftlichkeit, der es ihm unmöglich machte, seine egozentrisch-depressive Frau wirklich an sich zu binden. Lambs Haltung gründete auf dem pessimistischen Glauben, daß alle Menschen nicht nur fehlbar, sondern häufig unfähig und manchmal böswillig sind. Daher betrachtete er jeden Versuch, die Dinge zu ordnen, als nutzlos, da dies nur zu neuen

Verwicklungen führen mußte. Es war die Lebensphilosophie des »Schwierigen«, ein aus Erfahrung und Einsicht gewonnener rationaler Pessimismus, der Melbournes Handeln im persönlichen wie im politischen bestimmte. So schwankte er auch in den Jahren vor der Reformbill zwischen einem rationalen Konservativismus und seiner emotionalen Bindung an das Erbe von Fox. Der Sturz der Tories fand ihn im Jahre 1830 zwischen allen Stühlen, die große Wahlrechtsreform wollend und doch zugleich fürchtend. Im Reformkabinett Lord Greys wurde Melbourne Innenminister. Das Land stand 1830 am Rande einer Revolution. Zu den politischen Unruhen um die Wahlrechtsreform kam die wirtschaftliche Katastrophe zweier Mißernten. Verarmte Landarbeiter zerschlugen Maschinen und zündeten Höfe an. Die besitzenden Klassen wurden von Panik ergriffen und forderten den Einsatz des Militärs. Melbourne verstand die wirtschaftlichen Zusammenhänge nicht, doch er begriff, daß eine »militärische Lösung« der wirtschaftlichen Probleme Englands Freiheiten zerstören würde, und er widerstand diesem Ansinnen. Recht und Verfassung mußten aufrecht erhalten werden. Sie waren der einzige Schutz gegen das Chaos wie gegen die Despotie.

So weigerte sich Melbourne auch standhaft, Polizeispitzel gegen die Landarbeiter einzusetzen, um nicht ein Klima der falschen Verdächtigungen und ungerechten Anklagen aufkommen zu lassen. Melbournes Haltung war von Erfolg gekrönt. Nach der Wahlrechtsreform klangen die Unruhen ab, ohne daß die Freiheitsrechte der Engländer wie in den Zeiten Pitts außer Kraft gesetzt worden wären.

Seine Einstellung gegenüber diesem Reformwerk war

typisch für das innere Gespaltensein der Whigs. Von seiner Erziehung wie von seiner Herkunft her war er Aristokrat, und das neue bürgerliche Zeitalter war ihm fremd. Seine Argumentation für die Öffnung des Parlaments war eine rein pragmatische. In einer großen Rede im House of Lords im Oktober 1831, die, wie die Zeitgenossen bemerkt haben, von »melancholischer Eloquenz« war, gab er offen zu, daß er in der Vergangenheit gegen diese Reform gewesen sei und dies gern weiter so gehalten hätte. »Doch wenn eine Institution nicht länger den Respekt des Landes genießt, muß sie verändert werden, und obgleich es unsere Pflicht sein kann, dem Willen des Volkes eine Zeitlang zu widerstehen, ist es nicht möglich, ihm auf Dauer zu widerstehen ... Wenn die Wünsche des Volkes auf Vernunft und Gerechtigkeit gründen und wenn sie mit den grundlegenden Prinzipien der Verfassung übereinstimmen, dann müssen Gesetzgebung und Regierung dem Volkswillen nachgeben, oder sie werden vernichtet.«[102]

Die parlamentarische Interessenlage der Whigs war nach dieser Reform sehr kompliziert. Die neue bürgerliche Klasse war konservativ, sie verfocht eine engherzige materielle Interessenpolitik. Für sie waren Fox und Grey Figuren der Vergangenheit, deren Ideale nicht die ihren waren. Für weitere Reformvorhaben war die Wählerbasis zu schmal, da sich die Zustimmung des Landes nicht in parlamentarische Unterstützung umsetzen ließ. So entstand eine seltsame Situation.

Die Whigs hatten keine Aufgabe mehr zu erfüllen und konnten doch die Regierung an niemanden abgeben, da niemand eine Mehrheit hatte. Sie galten als Garanten einer Reformpolitik, die sie gar nicht durchsetzen konnten und für die sie auch nicht vorbereitet waren. Sie mußten deshalb im Bündnis mit Kräften regieren, die ihnen wesensfremd waren und deren Ziele sie nicht gutheißen konnten. Es gab zu ihnen keine Alternative, und doch wußte jeder, daß sie eine Partei ohne politische Zukunft waren. Als in dieser Situation 1834 Lord Grey zurücktrat, war Melbourne sein natürlicher Nachfolger, denn er verkörperte dieses politische Spannungsverhältnis in seiner eigenen Person.

Die politische Philosophie Melbournes ist von seiner persönlichen Lebensphilosophie kaum zu trennen. Die persönliche Erfahrung hatte ihn gelehrt, daß die Welt hauptsächlich von Narrheit, Eitelkeit und Selbstsucht regiert wird, eine Einschätzung, die ihn gegenüber allem menschlichen Tun zu großer Toleranz neigen ließ. Melbourne war Pessimist. Er glaubte nicht, daß es möglich sei, das Los der Menschen zu verbessern oder gar eine Gesellschaft nach vernünftigen Grundsätzen zu bauen. Vielmehr war er davon überzeugt, daß alle Versuche, Gutes zu tun, zumindest in der Politik nur den einen Erfolg hatten, die Dinge zu verschlimmern und neue Verwicklungen den alten Problemen hinzuzufügen. Doch dieser Pessimismus hatte ihn nicht zum Menschenfeind werden lassen. »Das schlimmste an der Gegenwart«, bemerkte er einmal zu einem Freund, »ist, daß die Menschen einander so verdammt hassen. Ich für meinen Teil liebe sie alle.«

Doch diese Liebe war die eines melancholischen Zynikers, der die Menschen weder verbessern noch erziehen wollte. Er lehnte es ab, Oliver Twist zu lesen, da er davon überzeugt war, daß die Dickens'sche Welt sich nicht ändern ließ. Aus dieser persönlichen Einstellung floß ein pragmatischer Konservativismus. Seine Prinzipien waren die von 1688: Unverantwortlichkeit der Krone und Verantwortlichkeit der Minister, Sicherung von Macht und Würde des Parlaments und Aufrechterhaltung von Recht und Gesetz. Diese Grundsätze waren die politische Erbschaft der alten Whigpartei, doch sie reichten im 19. Jahrhundert nicht mehr aus, die industrielle Revolution zu steuern und ihre sozialen Schäden zu mildern. Sein institutioneller Konservativismus verband sich mit großer religiöser Toleranz, die ihn zum Gegner der anglikanischen Kirche in Irland machte. Als durch und durch unabhängiger Geist verachtete er gleichermaßen religiöse wie politische Heuchelei.

Melbourne war der erste Premierminister, der es ablehnte, Parteigänger mit Ämtern zu versehen, wenn sie für diese Ämter ungeeignet waren. Seine Unabhängigkeit war mit Geld nicht zu kaufen und durch Orden nicht zu verführen. Als ein schottischer Adliger den Distelorden haben wollte, verweigerte er dies mit der Begründung, daß er ihn nur essen würde. Und als ein hoch dekorierter englischer Aristokrat noch mehr Orden verlangte, war seine Antwort: »Mein Gott, will er einen Hosenbandorden für jedes Bein?«

Leere Symbole, unverdienter Rang und die darauf gegründete Arroganz waren dem Skeptiker zutiefst zuwider. Seine Gelassenheit gegenüber dem politischen Treiben konnte bis zur Sorglosigkeit gehen. Am Ende einer dreistündigen Kabinettsitzung, die der Kornzollfrage galt, rief er in den allgemeinen Aufbruch hinein: »Haben wir uns nun entschlossen, den Zoll zu erhöhen oder zu senken? Es ist ja eigentlich nicht besonders bedeutsam, nur wir sollten wenigstens alle das gleiche sagen.«

Es ist schwer zu entscheiden, inwieweit diese Haltung nur aristokratischer Nonchalance oder einem persönlichen Nihilismus entsprang. Sein Biograph Philip Ziegler kommt zu dem Urteil, daß Melbourne der gefährlichste aller Reaktionäre war: ein intelligenter Skeptiker, der fähig war, die Kraft der gegnerischen Sache zu sehen und zu verstehen und der ihr deshalb nicht mit blinder Feindschaft, sondern mit humorvoller und scharfzüngiger, jedoch in der Sache destruktiver Argumentation begegnete.[103]

Melbourne hatte eine überragende Fähigkeit, hoffnungslose Dinge geschickt zu verteidigen. In jeder Situation sah er deutlich, welche Argumente für und welche gegen den jeweiligen Kurs sprachen, und da er alle für gleich unerfreulich hielt, beschloß er meistens, nichts zu tun.

Doch dieser Pessimismus im Hinblick auf die Gestaltungsmöglichkeiten der Politik ging einher mit der hellsichtigen Fähigkeit, im Gegner den Partner von morgen und nicht den Feind zu sehen. Melbourne grenzte seine politischen Gegner nicht aus. Er wußte, daß er sich in einer Übergangszeit befand und daß es darauf ankam, Staat und Gesellschaft möglichst unversehrt in das neue Zeitalter hinüberzuführen.

Er war nicht so sehr ein Mann des 18. Jahrhunderts, ein Überlebender aus einer großen Tradition, als vielmehr ein Mann des frühen 19. Jahrhunderts, der sich selbst weder dazu bringen konnte, das Neue mit voller Überzeugung anzunehmen noch das Alte mit voller Karft zu bewahren. Es war sein persönliches wie politisches Dilemma. Ein Dilemma, das er nicht zu lösen vermochte und das ihn gerade deshalb zu einer Persönlichkeit auf der Höhe seiner Zeit machte.

Es gibt keinen traurigeren Anblick als den eines großen Reformministeriums, das keine reformerischen Energien mehr in sich hat. Nur zwei liberale Reformvorhaben waren noch übrig geblieben – die englische Gemeindereform und die irische Kirchenreform. In beiden Fällen ging es nicht um soziale Fragen, sondern um eine Anpassung von Institutionen an das neue bürgerliche Zeitalter. Große englische Städte wurden noch immer vom »Lord of the manor« regiert, demokratische Stadträte gab es kaum, die Gemeindeverwaltungen wurden durch Kooption erneuert, Imkompetenz und Korruption waren die Folge. Die irische Kirche war eine Kirche ohne Gläubige. Kirchensteuern dienten der Erhaltung eines protestantischen Klerus, in dessen Kirche oft nur ein oder zwei Gläubige den Gottesdienst besuchten. Hier Wandel zu schaffen, war eine Aufgabe, die in der Fox'schen Tradition lag. Im übrigen sah er es als seine Aufgabe an, zusammen mit den bürgerlich-radikalen und irisch-katholischen Verbündeten der Whigs das Land zu administrieren, bis neue Kräfte den Ring betreten konnten. Die Vorstellung, eine Gesellschaft zu gestalten und zu reformieren, war einem Mann wie Melbourne fremd. Das konstitutionelle Gefäß der Gesellschaft mußte in Ordnung gehalten werden, die Gesellschaft selbst sollte sich frei und ohne staatliche Eingriffe entwickeln. Es war das traditionelle Whig-Ideal, das schon überständig war, denn die neuen Industriestädte Mittelenglands erforderten nicht nur Gemeindereformen, sondern auch soziale Reformen und eine soziale Gesetzgebung zum Schutz der Schwachen in der Gesellschaft. Doch die Zeit dafür war noch nicht gekommen. Das Neue war schon überall sichtbar, aber es hatte noch nicht genug Kraft, sich politisch zu artikulieren oder gar politische Macht auszuüben.

Als 1837 die 18jährige Königin Viktoria den Thron bestieg und das neue viktorianische Zeitalter einläutete, konnte Melbourne noch einmal für kurze Zeit all seine politischen Fähigkeiten wie seine charakterlichen Eingenschaften in den Dienst dieses Übergangs von einer Zeit in die andere stellen.

Die Beziehung zwischen Königin Viktoria und ihrem 1. Premierminister ist oft beschrieben worden. Sie wird meistens in zarten Pastellfarben als die Romanze eines weisen alten Staatsmannes gemalt, der in der neuen Königin eine Tochter fand, die er selbst nicht gehabt hatte. Daß in dieser Beziehung auch emotionale und intellektuelle Verführung eine Rolle gespielt hat, wird heute kaum noch bestritten. Die 18jährige Viktoria war völlig unerfahren, sie hatte keine Vorstellung von ihren Aufgaben, wie ihren Machtbefugnissen. Es bleibt Melbournes großes Verdienst, daß er, obwohl Parteipolitiker, die Erziehung der jungen Königin von allen parteipolitischen Vorurteilen freihielt. War der Monarch bis zu dieser Zeit noch in der Lage gewesen, einen von der Parlamentsmehrheit getragenen Premierminister abzulösen, wenn dieser ihm persönlich nicht paßte, so begann unter Königin Viktoria die Zeit des heute noch geübten Konstitutionalismus, in der der Monarch keinen Einfluß mehr auf die Auswahl der Parteiführer hat.

Melbourne vermochte es, die Königin allmählich aus ihren Vorurteilen zu lösen und ihr die Überzeugung zu vermitteln, daß die Wähler im Lande und nicht der Thron die Regierung des Landes zu bestimmen habe. Er tat dies mit weiser Unvoreingenommenheit, so daß selbst seine parteipolitischen Gegner ihm hierbei Fairneß und Klugheit bescheinigt haben. Er mußte die Königin mit allen ihm zu Gebote stehenden Verführungskünsten dazu bewegen, das Parteienspiel zu akzeptieren, und er mußte sie von Anfang an darauf vorbereiten, daß sie ihn eines Tages verlieren und durch den Führer der anderen Partei würde ersetzen müssen. Die Wahlen von 1837 und 1841 zeigten deutlich den Trend zum bürgerlichen Konservativismus. Melbourne hatte diesen Wechsel vorbereitet. Er selbst wollte und konnte kein bürgerlicher Parteiführer sein. Mit seinem Rücktritt im Jahre 1841 zerfiel auch die alte traditionsreiche Whigpartei, um erst in den sechziger Jahren des 19. Jahrhunderts als die neue liberale Partei Russells und Gladstones wieder zu erstehen. Die großen aristokratischen Namen folgten bis auf wenige Ausnahmen ihren materiellen Interessen, die Bentincks, die Portlands, die Derbys und Carringtons wurden konservativ. Die idealistische Tradition von Fox hatte ihre Kraft eingebüßt.

Das Urteil über Melbourne wird immer ein zwiespältiges bleiben, je nachdem, wie man geistige Führung in einer Zeit des Übergangs versteht. Während sein Biograph Philip Ziegler ihn letztlich negativ beurteilt und in ihm einen zynischen Opportunisten ohne politische Prinzipien sieht, der unter jenes berühmte biblische Verdikt fällt, daß die Lauen ausgespieen werden,[104] kann man ihn auch wie David Cecil als die große integrierende Persönlichkeit sehen, die durch ihre persönlichen Eigenschaften, ihren Charme, ihre Liebenswürdigkeit, ihre Gelassenheit und ihre Toleranz anders Denkenden gegenüber in einer Zeit, in der England leicht einer Revolution hätte zum Opfer fallen können, den Bruch vermieden und das Land in ein neues Zeitalter geführt hat.[105]

Melbourne hat über geistige Führung nie gesprochen, wahrscheinlich hat er darüber nicht einmal nachgedacht. Doch hat er einige Jahre lang genau das Richtige getan. Er hat, obwohl auf einer Seite stehend, die andere nicht ausgegrenzt. Er hat, obwohl kulturell dem 18. Jahrhundert angehörend, dem 19. den Weg bereitet. Er hat eine Königin, die mit dem Bewußtsein der absoluten Monarchin den Thron bestieg, zu einer konstitutionellen Herrscherin erzogen, die England noch in das 20. Jahrhundert geführt hat.

Nicht Polarisierung, sondern Integration war Melbournes Ziel. Dazu mußte er, obwohl in der Tradition der Whigs stehend, über das Parteiinteresse hinauswachsen. Er wurde so, ohne es zu wollen, zur nationalen Figur. Wahrscheinlich ist es in einer Zeit des leeren Aktivismus, des unablässigen politischen Spiels auf einer Bühne kaum vorstellbar, daß Führung auch im Abwarten bestehen kann. Attentismus verbunden mit Toleranz kann eine richtige politische Haltung in einer Zeit sein, die ihrer selbst nicht sicher ist. Melbourne war die vollkommene Verkörperung von Hofmannsthals »Schwierigem« in der Politik. Daß solche Persönlichkeiten heute in der Politik nicht mehr möglich sind, sagt sehr viel über die politische Kultur im demokratischen Massenzeitalter aus. Wir sollten den Verlust bedauern, ohne ihn zu beklagen.

Konservative Außenpolitik? – Schlußfolgerungen

Die oft gestellte Frage nach einer spezifisch konservativen Außenpolitik beantwortet sich nach dem bisher Gesagten von selbst: Es gibt keine konservative Außenpolitik, die äußere Politik eines Landes kann entsprechend der Interessenlage des Landes nur richtig oder falsch sein. Diese Feststellung entspricht Palmerstons bekanntem Diktum: Es gibt zwischen den Völkern und Staaten keine ewigen Freundschaften, sondern nur ewige Interessen. Konservative wie sozialistische Regierungen können einer falschen Lagebeurteilung unterliegen und daraus falsche außenpolitische Schlüsse ziehen. Eindrucksvoll hat dieses Phänomen für die britische Politik seit 1940 der akademische Außenseiter Clive Ponting[106] beschrieben. Sein Fazit: Da die englische politische Klasse zu keiner Zeit der Tatsache ins Auge gesehen hat, daß das Land 1940 militärisch, wirtschaftlich und politisch geschlagen war und nur die Vereinigten Staaten England vor der Anerkennung dieses Sachverhalts bewahrten, beruhte die Außenpolitik aller Regierungen seit 1945 auf dem Mythos der fortdauernden Souveränität. Der Kampf gegen die Europäische Gemeinschaft, die Suezkrise und zuletzt Margaret Thatchers Brügger Auslassungen gingen von falschen Tatsachen aus und sind folglich falsche Politik. Eine sorgfältige Analyse seiner Lage hätte England zur Trennung von den Resten des Empires und an die Spitze der europäischen Bewegung führen müssen. Dabei bleibt allerdings unberücksichtigt, daß – wie Falkland- und Golfkrieg zeigen – die Verpflichtung auf einen Mythos die Handlungsbereitschaft eines Volkes unter extremen Bedingungen eher stärkt als schwächt. Trotz dieses grundsätzlichen Einwands gegen eine konservative Außenpolitik wird konservativ im außenpolitischen Bereich vage mit starkem Staat, Schutz der Interessen, Ehre der Nation und Verteidigungsbereitschaft assoziiert, wohingegen eine linke Außenpolitik mit Pazifismus und Friedensbereitschaft verbunden wird. Wie wenig dies im konkreten Fall zutrifft, läßt sich gleichfalls an der englischen Politik zeigen. In den zwanziger Jahren war es der konservative Schatzkanzler Winston Churchill, der die Abrüstung und Wehrlosmachung Englands betrieben hat, und 1945 war es der Sozialist und erste Außenminister der Labourregierung Ernest Bevin, der noch vor Truman, Marshall und Kennan die Eindämmung des sowjetischen Machtstrebens in Griechenland und Westeuropa betrieb. In der Bundesrepublik entsprach die Adenauersche Außenpolitik der Sicherung des freien Teils Deutschlands durch die Westbindung der objektiven Weltlage, während Schumachers idealistischer Nationalismus auf falschen Annahmen über die Sowjetunion fußte. Die sozialdemokratische Ostpolitik war in ihrem Ansatz richtig, die Ideologisierung des Ausgleichs durch Bahr ging über das außenpolitisch Gebotene hinaus und wäre langfristig in einen neuen deutschen Sonderweg eingemündet. Anders als Labour und die französischen Sozialisten neigen die deutschen Sozialdemokraten zu außenpolitischem Moralisieren, hinter dem deutlich ein nationalkonservativer Antiamerikanismus sichtbar wird, der sich mehr und mehr zu einem antizivilisatorischen

Effekt verdichtet.[107] Während die CDU in ihrer Mehrheit die unseren Interessen entsprechende Westbindung verinnerlicht hat, haben Friedensbewegung, evangelische Kirche, GRÜNE und Teile der Sozialdemokratie das Erbe jenes falschen deutschen Konservativismus angetreten, der in den westlichen Demokratien etwas »Undeutsches« sah. Franz Alt, Günter Grass und Walter Jens verkörpern diese unheilvolle Deutschtümelei auf exemplarische Weise. Moralisieren statt Analysieren, Gesinnung statt Verantwortung, Gemeinschaftsgefühl statt Denken in Institutionen – der deutsche Sonderweg feiert hier fröhliche Urstände. Eine konservative Gegenposition muß demgegenüber den Primat des Politischen behaupten und an der Konstante der deutschen Nachkriegsentwicklung festhalten, die unser Interesse am besten in einer engen Verbindung mit den westlichen Demokratien gewahrt sah. Es muß deshalb bedenklich stimmen, daß die apolitische »Frieden um jeden Preis Haltung«, wie sie Gräfin Dönhoff in der Zeit vertritt, in die verschwommene Rhetorik des Kanzlers und seines Außenministers Eingang gefunden hat.

Deutsche Außenpolitik war seit dem Abgang Bismarcks eine Abfolge von Fehlentscheidungen, an denen »Konservative« einen überproportional großen Anteil hatten. Seit 1949 ist die deutsche Außenpolitik erfolgreich bei der Interessenwahrnehmung der Bundesrepublik, weil sie allen Versuchen, Deutschland aus ideologischen Gründen vom Westen zu trennen, widerstanden hat.

Für die CDU folgt aus diesen Überlegungen, daß sie ihre Berührungsängste gegenüber konservativen Gedanken aufgeben und einen zeitgemäßen Konservativismus zuerst definieren und anschließend offensiv vertreten muß. Dabei darf sie auf Interessenvertreter in Industrie und Landwirtschaft keine Rücksicht nehmen. Es ist nicht genug, das werdende Leben im Mutterleib zu schützen, wenn auf unseren Straßen jährlich Tausende sterben, die bei Einführung einer Geschwindigkeitsbegrenzung leben könnten. Die »grünen Themen« sind konservative Themen, die mangels konservativer politischer Begleitung heute in einer linksradikalen Partei verankert sind. Die CDU hat noch eine Chance, dem gesellschaftlichen Wandel, der Wettbewerb und Leistung durch Solidarität und gesellschaftliche Integration ergänzt sehen möchte, eine Heimstatt zu bieten. Wer den Elternwillen in den Mittelpunkt seiner Schulpolitik stellt, muß diesen auch dann und erst recht akzeptieren, wenn die Eltern einer Klasse die Förderung eines behinderten Kindes auf Kosten der nichtbehinderten wünschen. Die Union wird nicht mehrheitsfähig bleiben, wenn ihr allein wirtschaftspolitische Kompetenz zugesprochen wird, und die Durchsetzung aller anderen, eine humane Gesellschaft ausmachenden Rahmenbedingungen anderen politischen Kräften eher zugetraut wird. Es ist daher höchste Zeit, im nunmehr vereinigten Deutschland über den gesellschaftlichen Wert des Konservativismus nachzudenken. Die vorstehenden Gedanken sollen hierzu eine Anregung sein.

Anmerkungen

1 Joachim Fest, Das Gesicht des Dritten Reiches, München 1963, S. 215
2 Joachim Fest, a.a.O., S. 216
3 zitiert nach Thomas Mann, »Zu Wagners Verteidigung« in Essays Band 3 Musik und Philosophie, Fischer-Taschenbuch, Frankfurt 1978, S. 136
4 Thomas Mann, Betrachtungen eines Unpolitischen, Frankfurter Ausgabe 1983, S. 31
5 Franz Schonauer, Stefan George, Hamburg 1960, S. 75
6 Moeller van den Bruck, Die Abkehr vom Westen, zitiert nach Pross, Die Zerstörung der deutschen Politik, Fischer-Taschenbuch, Frankfurt 1959, S. 189
7 zitiert nach Franz Schonauer, a.a.O., S. 98
8 Metternich, zitiert nach Nipperdey »Deutsche Geschichte 1800-1866«, München 1983, S. 313
9 zitiert nach Pross, a.a.O., S. 107
10 zitiert nach Meinecke, »Weltbürgertum und Nationalstaat«, Berlin 1918, S. 55, 57
11 Mannheim, Konservativismus, suhrkamp taschenbuch wissenschaft, Frankfurt 1984, S. 97
12 Burke, Betrachtungen über die Französische Revolution, Frankfurt 1967, S. 129
13 Germania an ihre Kinder
14 Golo Mann, Friedrich von Gentz, Zürich 1947, S. 353
15 Fichte, »Reden an die deutsche Nation«, zitiert nach Meinecke, a.a.O., S. 123, 124 und Schmid, Staatsbegräbnis, Berlin 1990, S. 124
16 zitiert nach Meinecke, a.a.O., S. 139
17 zitiert nach Meinecke, a.a.O., S. 139
18 Burke, a.a.O., S. 109, 110; Golo Mann, a.a.O., S. 40
19 Carl Schmitt, Donoso Cortés, Köln 1950, S. 30
20 zitiert nach Pross, a.a.O., S. 98
21 Greiffenhagen, Das Dilemma des Konservativismus in

Deutschland, suhrkamp taschenbuch wissenschaft, Frankfurt 1986, S. 248
22 Heine, Zur Geschichte der Religion und Philosophie in Deutschland in Heines Werken in fünf Bänden, 5. Band, Berlin, Weimar 1970, S. 141
23 Der Stechlin in Theodor Fontane, Werke in zwei Bänden, Band 2, Salzburg, S. 837
24 Stürmer, Das ruhelose Reich Deutschland 1866-1918, Berlin, S. 105
25 Reiners, Bismarck 1815-1871, München 1970, S. 924
26 zitiert nach Barbara Tuchmann, Der stolze Turm, München, Zürich 1969, S. 83
27 Plessner, Die verspätete Nation, suhrkamp taschenbuch wissenschaft, Frankfurt 1974, S. 47
28 zitiert nach Golo Mann, Deutsche Geschichte des 19. und 20. Jahrhunderts, Frankfurt 1958, S. 460
29 Krockow, Die Deutschen in ihrem Jahrhundert 1890-1990, Hamburg 1990, S. 35 f.
30 Max Weber, Der Nationalstaat und die Volkswirtschaftspolitik, Akademische Antrittsrede Freiburg 1895, in Max Weber, Gesammelte Politische Schriften, Tübingen 1980, S. 21
31 Elias, Studien über die Deutschen, Frankfurt 1989, S. 418 ff.
32 Golo Mann, a.a.O., S. 33, Nipperdey, Die protestantische Unruhe, in FAZ vom 19. März 1983
33 Joachim Fest, a.a.O., S. 341
34 Fritz Stern, Kulturpessimismus als politische Gefahr, München 1986, S. 127 f.
35 Stern, a.a.O., S. 150
36 Thomas Mann, Nietzsches Philosophie im Lichte unserer Erfahrung in Essays Band 3, Musik und Philosophie, Fischer-Taschenbuch, Frankfurt 1978, S. 235 f., 255
37 Harry Graf Kessler, Gesichter und Zeiten — Erinnerungen, Frankfurt 1988, S. 209
38 zitiert nach Schmid, a.a.O., S. 153
39 Beaucamp, Vom Ethos zum Pathos und zurück, in FAZ vom 16. Juni 1990
40 zitiert nach Pross, a.a.O., S. 195
41 zitiert nach Golo Mann, a.a.O., S. 548

42 Das Schrifttum als geistiger Raum der Nation, Rede, gehalten in München 1927, in Hugo v. Hofmannsthal, Gesammelte Werke, Reden und Aufsätze, Band III., Fischer Taschenbuch Verlag 1980, S. 31
43 Plessner, a.a.O., S. 55
44 zitiert nach Pross, a.a.O., S. 92
45 zitiert nach Krockow, a.a.O., S. 159
46 Ulrich Heinemann, Ein konservativer Rebell, Berlin 1990, S. 6
47 zitiert nach Krockow, a.a.O., S. 173
48 Heinemann, a.a.O., S. 80
49 Golo Mann, a.a.O., S. 734
50 Moeller van den Bruck, zitiert nach Greiffenhagen, a.a.O., S. 243
51 Jaspers, Notizen zu Martin Heidegger, München 1989, S. 240
52 Jaspers, a.a.O., S. 50
53 zitiert nach Bohrer, Deutschland — noch eine geistige Möglichkeit, in FAZ vom 28. April 1979
54 Spengler, Der Untergang des Abendlandes, München 1923
55 Harry Graf Kessler, Tagebücher 1918-1937, Frankfurt 1961, S. 726
56 zitiert nach Krockow, a.a.O., S. 99
57 Leo Schlageter, Der Wanderer ins Nichts, Rede Karl Radeks, gehalten 1923, zitiert nach Pross, a.a.O., S. 339
58 Carl Schmitt, Donoso Cortés, S. 34
59 Bohrer, a.a.O.
60 Steffahn, Deutschland — Von Bismarck bis heute, Stuttgart 1990, S. 317
61 Fest, Im Gegenlicht — Eine italienische Reise, Berlin 1988
62 Marquard, Zeitalter der Weltfremdheit, in Philosophische Studien, Stuttgart 1986, S. 86
63 Marquard, a.a.O
64 Biedenkopf, in Frankfurter Rundschau vom 27. Juni 1989
65 Altmann, Der wilde Frieden, Stuttgart 1987, S. 107
66 Gross, Konservatismus als Utopie der Industriegesellschaft, in Phoenix in Asche, Stuttgart

1989, S. 106
67 Max Weber, a.a.O., S. 23
68 Habermas, Neokonservative Kulturkritik in den USA und in der Bundesrepublik, Merkur, November 1982, S. 1047
69 Löwenthal, Gesellschaftswandel und Kulturkrise, Fischer-Taschenbuch, Frankfurt 1979, S. 58 ff.
70 Horkheimer, Adorno, Dialektik der Aufklärung, Frankfurt 1969
71 Bell, Die Zukunft der westlichen Welt, Frankfurt 1976
72 Lübbe, Neokonservative in der Kritik, Merkur, September 1983, S. 620 ff.
73 Gross, a.a.O., S. 106
74 Gehlen, Zeitbilder, Frankfurt 1965, S. 222
75 Marquard, a.a.O., S. 93
76 Altmann, a.a.O., S. 48
77 Halifax, The Character of a Trimmer, in Halifax, Complete Works, Penguin 1969, S. 50
78 R. J. White, The Political Thought of Samuel Taylor Coleridge, London 1938, S. 155 ff.
79 Nipperdey, a.a.O., S. 319
80 Lübbe, a.a.O., S. 628
81 The Independent vom 15. Oktober 1989
82 White-Coleridge, a.a.O., S. 222
83 Edmund Burke, edited by Isaac Kramnick in Great Lives Observed, New Jersey 1974, S. 6
84 Tocqueville, Der Alte Staat und die Revolution, Basel, S. 71, ähnliche Tocqueville, Über die Demokratie in Amerika, dtv, München 1976, S. 72 ff.
85 Hans Maier, Der Föderalismus — Ursprünge und Wandlungen, im Archiv des öffentlichen Rechts 1990, S. 213-31 (224)
86 Lübbe zitiert nach Renate Mayntz, Föderalismus und die Gesellschaft der Gegenwart, in AÖR 1990, S. 232 - 247 (233)
87 Thomas Mann, Königliche Hoheit, Frankfurter Ausgabe 1984, S. 145
88 Joachim Fest, in FAZ vom 22. Februar 1989
89 zusammengefaßt in Siedler, Weder Maas noch Memel, Ansichten vom beschädigten Deutschland, Stuttgart 1982

90 zitiert nach Wyss, Edmund Burke, München 1966, S. 100
91 Golo Mann, Max Weber in Zeiten und Figuren, Fischer Taschenbuch, Frankfurt 1979, S. 168
92 so Kondylis, Konservativismus, Stuttgart 1986, S. 29
93 Erich Günther, zitiert nach Greiffenhagen, a.a.O., S. 45
94 Edmund Burke, in Gauland, Gemeinde und Lords, Portrait einer politischen Klasse, Frankfurt 1989, S. 52-60
95 Nipperdey, Wo aber Einheit ist, wächst das Spaltende auch, Vortrag, gehalten zum Abschluß des Historikertages 1990 in Bochum, in FAZ vom 29. Oktober 1990, S. 35
96 zur konservativen Whig-Philosophie siehe Burrow, Whigs and Liberals, Oxford 1988
97 Helmut Herles, Hamsterrad im Sommer, Leitartikel FAZ vom 18. August 1989
98 Baudrillard, Die Göttliche Linke, München 1986, S. 95
99 Edmund Burke on Government, Politics and Society, selected and edited by Hill, Fontana 1975, S. 188
100 zitiert nach Nicolson, Vom Mandarin zum Gentleman, München 1958, S. 249
101 Nicolson, a.a.O., S. 250
102 zitiert nach Ziegler, Melbourne, London 1976, S. 142
103 Ziegler, a.a.O., S. 364
104 Ziegler, a.a.O., S. 365
105 Cecil, Melbourne, London 1965, S. 205 ff.
106 Clive Ponting, Myth and Reality 1940, Hamish Hamilton, London 1990
107 Karl Heinz Bohrer, Provinzialismus II, in Merkur, März 1991, S. 255 f.

Streitkultur

Politik setzt kreative, entscheidungsfreudige Argumentationen voraus, die kurz, knapp und präzise »auf den Punkt« kommen.

Die auf den folgenden Seiten vorgestellten Bücher üben sich in den Tugenden der Genauigkeit und der Kurzweil.

Mit aller Bescheidenheit orientieren sie sich an der literarischen Form des Pamphlets, wie es dessen frühe Meister Voltaire und Thomas Paine, J. Stuart Mill und Zola verstanden: nicht als möglichst verletzende persönliche Beleidigung, sondern als zuspitzende Klärung einer Streitfrage.

Die Autoren dieser Texte kommen aus unterschiedlichen politischen Lagern. Es eint sie nur die gemeinsame Leidenschaft, die eigene Position dem demokratischen Streit auszusetzen. Sie streben einen Diskurs an, der nicht an Partei- und Weltanschauungsgrenzen endet, sondern quer durch gesellschaftliche und politische Gruppierungen die Lust am Grundsätzlichen befördert.

EICHBORN
HANAUER LANDSTRASSE 175 · D-6000 FRANKFURT 1

Warnfried Dettling

Weniger STAAT wagen

- Jenseits von Sozialismus und Kapitalismus
- Markt versus Staat: Die falsche Alternative
- Sozialökologie oder: Die Wiederentdeckung des Sozialen
- Solidarität in der Postmoderne
- Selbsthilfe oder: Jenseits der Kultur der Abhängigkeit
- Familie ohne Idylle
- Vom Elend des real existierenden Konservativismus
- EG-Bürokraten und Basisdemokraten
- Mythos Markt – Alptraum Staat

Wie sozial muß die Marktwirtschaft sein?

Eichborn

Die Umbrüche in Deutschland und in der Welt haben alte Hoffnungen erschüttert und scheinbare Sicherheiten neu betoniert.
Der Sozialismus ist tot, der Kapitalismus wird als die beste Wirtschaftsordnung der Geschichte gepriesen.
Dieser Alternativ-Radikalismus vermaßt die Welt der Ideen und der Realitäten mit den Maßstäben des 19. Jahrhunderts, und dies in einer Zeit, die ja nicht nur die Grenzen des staatsfixierten Sozialismus, sondern auch, weniger spektakulär, die Brüche und Widersprüche einer borniertenWirtschaftsgesellschaft offenbart hat.
Gibt es eine Alternative? Wie ist Hilfe zur Selbsthilfe in den verschiedenen gesellschaftlichen Branchen durchzusetzen? Was heißt Deregulierung in staatlicher und ökonomischer Hinsicht? Wie sozial muß die Marktwirtschaft sein?
An welchen Prinzipien und Maximen könnte sich eine Politik orientieren, die jenseits von Sozialismus und Kapitalismus neue Wege wagt?

EICHBORN
HANAUER LANDSTRASSE 175 · D-6000 FRANKFURT 1

Peter Grafe

Tradition & Konfusion

SPD

— Kultur und Heimat —
— Handicaps —
— TV-Profil —
— Macht und Moral —
— Politik und Dienstleistung —
— Modernität —
— Ungleichzeitigkeiten —
— Generationenwechsel —

Alle Macht den Profis

Eichborn

Der Mief der alten SPD ist für die »Enkel« Probe auf die persönliche Geduld. Der Wandel der SPD zu einer modernen Firma für politisches Management war in vollem Gange. Es wäre sogar eine spannende Auseinandersetzung zwischen Lafontaine und Kohl um die Frage zu erwarten gewesen, wer denn eher das moderne West-Deutschland repräsentiere, als die Vereinigung mit der ehemaligen DDR die SPD überrollte und ganz andere Themen in den Vordergrund warf. Die Niederlage in der Bundestagswahl hält den Modernisierungsprozeß der SPD auf. Sie muß sich als gesamtdeutsche Partei formieren und dabei mit neuen Ungleichzeitigkeiten zurechtkommen, die jene Debatte zwischen traditioneller und moderner SPD überlagern, die auch Oskar Lafontaine in den letzten Jahren immer wieder anzuschieben versuchte.

EICHBORN
HANAUER LANDSTRASSE 175 · D-6000 FRANKFURT 1